W0369156

EINFACH DEUTSCH

Unterrichtsmodell

Heinrich von Kleist

Michael Kohlhaas

erarbeitet von Annegret Kreutz

herausgegeben von Johannes Diekhans

Schöningh

Baustein 5

Individuum und Staat
S. 45–55 im Modell

5.1	Kohlhaas in Wittenberg	Textausgabe S. 46–S. 53	Textarbeit Tafelskizze Standbild
5.2	Die Logik Kohlhaas' und die Antwort Luthers	Textausgabe S. 46–S. 53	Textarbeit Schreibauftrag
5.3	Der Schutz des Einzelnen	ges. Text	Textarbeit Arbeitsblatt 6

Baustein 6

Ereignisse in Sachsen
S. 56–63 im Modell

6.1	Staatsratssitzung	Textausgabe S. 53–S. 54	Textarbeit Tafelskizze
6.2	Abdeckerszene	Textausgabe S. 61–S. 72	Textarbeit Tafelskizze Schreibauftrag
6.3	Johann Nagelschmidt	Textausgabe S. 72–S. 76	Textarbeit Tafelskizze
6.4	Bruch der Amnestie	Textausgabe S. 77–S. 82	Textarbeit
6.5	Nagelschmidt-Falle	Textausgabe S. 82–S. 85	Textarbeit Tafelskizze

Baustein 7

Kohlhaas in Brandenburg
S. 64–73 im Modell

7.1	Das Amulett der Zigeunerin	Textausgabe S. 85–S. 115	Textarbeit Tafelskizze
7.2	Zur Definition der Novelle	Textausgabe S. 154–S. 161	Textarbeit Tafelskizze
7.3	Erzähltechnik – Erzählstrategie	ges. Text	Textarbeit Tafelskizze Arbeitsblatt 7 Arbeitsblatt 8

Baustein 8

Rezeptionsgeschichte
S. 74–79 im Modell

ausgewählte Rezensionen	Textarbeit Arbeitsblatt 9 Arbeitsblatt 10 Arbeitsblatt 11 Arbeitsblatt 12 Arbeitsblatt 13

Unterrichtsmodell

Heinrich von Kleist
Michael Kohlhaas

Baustein 1

Einführung in die Thematik und Lektürebegleitung
S. 18–20 im Modell

1.1	Anregungen für den Lektüreprozess	textfrei	Arbeitsblatt 1
1.2	Dokumentation des Handlungsverlaufs	ges. Text	Textarbeit
1.3	Der „Klappentext“	ges. Text	Schreibauftrag

Baustein 2

Hintergründe
S. 21–29 im Modell

2.1	Die gesellschaftspolitische Situation im Deutschland des 18. Jahrhunderts und das bürgerliche Selbstbewusstsein	Textausgabe S. 124–S. 127	Textarbeit Tafelskizze Arbeitsblatt 2
2.2	Rechts- und Sozialverhältnisse im Deutschland zur Zeit Kleists und im 16. Jahrhundert	Textausgabe S. 127–S. 128 S. 128–S. 131	Textarbeit Arbeitsblatt 3 Tafelskizze
2.3	Die Einleitung	Textausgabe S. 1–S. 16	Textarbeit Tafelskizze

Baustein 3

Die Entwicklung der Gewaltspirale
S. 30–39 im Modell

3.1	Die Situation am Schlagbaum	Textausgabe S. 10	Textarbeit Schreibauftrag Tafelskizze
3.2	Kohlhaas' kritische Prüfung der Lage am Schlagbaum	Textausgabe S. 9	Textarbeit Tafelskizze
3.3	Kohlhaas als Advokat	Textausgabe S. 15	Textarbeit Schreibauftrag Szenisches Spiel
3.4	Kohlhaas' Suche nach legalen Lösungsmöglichkeiten	Textausgabe S. 19	Textarbeit Arbeitsblatt 4 Strukturskizze

Baustein 4

Selbstjustiz zur Durchsetzung des Rechtsstandpunktes
S. 40–44 im Modell

4.1	Kohlhaas' Rachefeldzug	Textausgabe S. 33–S. 45	Textarbeit Tafelbild
4.2	Selbsterhöhung und biblische Reminiszenzen	ges. Text	Arbeitsblatt 5 Textarbeit

Arbeitsfrage

Einzelarbeit

Partnerarbeit

Gruppenarbeit

Unterrichtsgespräch

Schreibauftrag

Szenisches Spiel

Mal- und Zeichenauftrag

Bastelauftrag

Projektorientierung, offenes Unterrichtsangebot

Vorwort

Der vorliegende Band ist Teil einer Reihe, die Lehrerinnen und Lehrern erprobte und an den Bedürfnissen der Schulpraxis orientierte Unterrichtsmodelle zu ausgewählten Ganzschriften und weiteren relevanten Themen des Faches Deutsch bietet.
Im Mittelpunkt der Modelle stehen Bausteine, die jeweils thematische Schwerpunkte mit entsprechenden Untergliederungen beinhalten.
In übersichtlich gestalteter Form erhält der Benutzer/die Benutzerin zunächst einen Überblick zu den im Modell ausführlich behandelten Bausteinen.

Es folgen:

- Hinweise zu den Handlungsträgern
- Zusammenfassung des Inhalts und der Handlungsstruktur
- Vorüberlegungen zum Einsatz des Buches im Unterricht
- Hinweise zur Konzeption des Modells
- Ausführliche Darstellung der einzelnen Bausteine
- Zusatzmaterialien

Ein besonderes Merkmal der Unterrichtsmodelle ist die Praxisorientierung. Enthalten sind kopierfähige Arbeitsblätter, Vorschläge für Klassen- und Kursarbeiten, Tafelbilder, konkrete Arbeitsaufträge, Projektvorschläge. Handlungsorientierte Methoden sind in gleicher Weise berücksichtigt wie eher traditionelle Verfahren der Texterschließung und -bearbeitung.
Das Bausteinprinzip ermöglicht es dabei den Benutzern, Unterrichtsreihen in unterschiedlicher Weise und mit unterschiedlichen thematischen Akzentuierungen zu konzipieren: Auf diese Weise erleichtern die Modelle die Unterrichtsvorbereitung und tragen zu einer Entlastung der Benutzer bei.

Das vorliegende Modell bezieht sich auf folgende Textausgabe:
Heinrich von Kleist: Michael Kohlhaas. Schöningh Verlag, Paderborn 2004, Best.-Nr. 022348-X.

www.schoeningh-schulbuch.de
Schöningh Verlag, Jühenplatz 1–3, 33098 Paderborn

Druck A 5 4 3 / Jahr 2009 08 07
Alle Drucke der Serie A sind im Unterricht parallel verwendbar.
Die letzte Zahl bezeichnet das Jahr dieses Druckes.

Umschlaggestaltung: Peter Wypior
Umschlagmotiv: Südturm des Wittenberger Schlosses; © dpa-Report
Druck und Bindung: AZ Druck und Datentechnik GmbH/Kempten (Allgäu)

ISBN 978-3-14-022349-2

Inhalt

Kleist ist vielleicht der größte dichterische Genius, den die Deutschen besitzen, das Wort in seinem phänomenalen Sinn verstanden. Wenn eine solche Einschätzung noch nicht allgemeine Gültigkeit erlangt hat, so beweist dies nur, dass sein Stern noch nicht den Zenith erreicht hat; irdischer Stoff muss vom Firmament aufgezehrt werden, ehe er als himmlischer in Erscheinung tritt.

Jakob Wassermann (Nr. 406) Neue Freie Presse, Wien 21. Nov. 1911. Abdruck in: H. Sembdner (Hg.): Heinrich von Kleists Nachruhm. Eine Wirkungsgeschichte in Dokumenten. Bremen 1967

In der Toynbeehalle [Volksbildungswerk in Prag] den Anfang von „Michael Kohlhaas" gelesen. Ganz und gar misslungen. Schlecht ausgewählt, schlecht vorgetragen, schließlich sinnlos im Text herumgeschwommen. Musterhafte Zuhörerschaft. [...] Wild und schlecht und unvorsichtig und unverständlich gelesen. Und am Nachmittag zitterte ich schon vor Begierde zu lesen, konnte kaum den Mund geschlossen halten.

Franz Kafka (Nr. 421a). Tagebücher, Prag 11. Dez. 1913. Abdruck in: H. Sembdner (Hg.): Heinrich von Kleists Nachruhm. Eine Wirkungsgeschichte in Dokumenten. Bremen 1967

Die Apokalyptischen Reiter.
© AKG, Berlin

Personen

Michael Kohlhaas: Rosshändler aus dem Brandenburgischen, wohlhabend, arbeitsam, rechtschaffen und tugendhaft. Er kämpft mit allen Mitteln um die Wiederherstellung des Rechts, das ihm verweigert wird. Man sieht in ihm einen Vertreter der Aufklärung.

Lisbeth: Ehefrau Kohlhaas', treu, fromm, fürsorgende Mutter der gemeinsamen fünf Kinder. Nutzt ihre einstigen guten Beziehungen zum Kastellan des Schlosses von Sachsen, um im Namen ihres Mannes dem Kurfürsten eine Bittschrift zu überreichen. Dabei wird sie schwer verletzt und stirbt wenige Tage später.

Herse: Treuer, zuverlässiger und ehrlicher Knecht Kohlhaas'.

Nagelschmidt: Anhänger des früheren Gesindes Kohlhaas'. Bandit, der durch Mordbrennerei seinen Vorteil sucht. Obgleich sich Kohlhaas von ihm distanziert hat, nimmt Nagelschmidt später zu ihm Kontakt auf. Die Erwiderung dieser erneuten Kontaktaufnahme wird Kohlhaas zum Verhängnis.

Die Tronkas: Vertreter des sächsischen Hofes. Sie nutzen jede für Kohlhaas ungünstige Lage, um in die Gegenoffensive zu gehen.

Junker Wenzel von Tronka: Er zeigt sich als schwacher Charakter, ist leicht beeinflussbar, geht vorrangig seinen Vergnügungen nach und ist auf das eigene Wohl bedacht. Beschlagnahmt widerrechtlich die Rappen Kohlhaas' am Grenzübergang zu Sachsen.

Hinz von Tronka: Vetter des Junkers Wenzel von Tronka. Mundschenk am Hof des sächsischen Kurfürsten.

Kunz von Tronka: Vetter des Junkers Wenzel von Tronka. Kämmerer am Hof des sächsischen Kurfürsten. Missbraucht Namen und Wappen des Kurfürsten, um Rechtsverweigerung gegen Kohlhaas durchzusetzen. Er zieht schließlich die Missgunst des sächsischen Staatsrates auf sich.

Heloise: Kunz von Tronkas Ehefrau. Schwester des sächsischen Präsidenten und des abgesetzten brandenburgischen Erzkanzlers Kallheim. Frühere Geliebte des Kurfürsten von Sachsen.
Aufgrund ihres andauernden Einflusses auf den Kurfürsten übernimmt sie eine Schlüsselrolle. Sie initiiert die spätere Begegnung zwischen dem Kurfürsten von Sachsen und Kohlhaas.

Kurfürst von Sachsen: Er ist unsicher und schwächlich. Sein physischer Zustand zeichnet sich durch Ohnmacht und Krankheit aus. Kohlhaas, der sich im Besitz eines Amuletts befindet, das Informationen über das künftige Bestehen des sächsischen Hofes enthält, übt damit Macht über den Kurfürsten aus. Unter allen Umständen möchte dieser in den Besitz des Amuletts gelangen. Je aussichtsloser und bedrohlicher die Situation für den Kurfürsten wird, desto mehr verschlimmert sich sein Gesundheitszustand.

Kurfürst von Brandenburg: Er erscheint als ein Kohlhaas zugewandter Regent, der jedoch auch, durch verwandtschaftliche und freundschaftliche Beziehungen geprägt, in seiner Amtsausübung befangen ist. Er setzt sich dennoch für Kohlhaas ein und bewirkt eine mildere Todesstrafe.

Martin Luther: Reformator (1483–1546). In der Auseinandersetzung mit Kohlhaas vertritt er seinen von der christlichen Lehre geprägten Glauben an das Gottesgnadentum.

Nebenpersonen

Inhalt und Handlungsübersicht

Dem aus dem Kreis Brandenburg stammenden Rosshändler *Michael Kohlhaas* werden bei seinem Grenzübertritt nach Sachsen auf der Burg des Junkers Wenzel von Tronka seine beiden Pferde abgenommen mit der Begründung, er benötige zur Überquerung der Grenze einen Passschein. Da die Vorlage des Passierscheins im Widerspruch zur langjährigen Praxis steht, beschließt Kohlhaas, befürchtend, er könne sich in Unwissenheit bzw. im Unrecht hinsichtlich der Forderung befinden, nach Dresden zu reisen. Hier erfährt er, dass die Passierscheinforderung willkürlich gewesen ist. Bei seiner Rückkehr zur Tronkenburg findet er die beiden als Pfand auf der Burg zurückgelassenen Pferde in einem unwürdigen Zustand, da sie zur Feldarbeit missbraucht worden sind. Darüber hinaus wurde sein Knecht Herse, der zur Betreuung der Tiere auf der Burg zurückgelassen wurde, von dort verjagt. Als sich der Burgvogt schließlich in das Gespräch einschaltet und in Anwesenheit des Junkers den Sachverhalt verfälscht darstellt, ist Kohlhaas aufgrund dieser Provokation nicht bereit, die Burg mit den misshandelten Pferden zu verlassen. Er fühlt sich persönlich in seinen Rechten angegriffen, lässt die Pferde auf der Burg zurück und reist nach Kohlhaasenbrück, um seinen Knecht Herse, der sich als ehrlich und in seinen Aussagen als zuverlässig erweist, zu verhören.

Daraufhin reicht Kohlhaas in Dresden eine Klage gegen den Junker Wenzel von Tronka ein. Trotz intensiver Bemühungen wird seine Klage in Sachsen aufgrund von Vetternwirtschaft abgewiesen. Auf Anraten des Stadthauptmanns von Brandenburg bittet Kohlhaas seinen eigenen Landesherrn, den Kurfürsten von Brandenburg, um landesherrlichen Schutz. In seiner Hoffnung auf Rechtsprechung wird Kohlhaas enttäuscht, als er erfährt, dass der brandenburgische Kanzler Graf Kallheim statt in Dresden bei dem Junker Wenzel von Tronka Erkundigungen über den Fall einzieht. Einen Monat später erhält Kohlhaas eine Resolution der Staatskanzlei, die ihn als Querulanten bezeichnet, seine Klage abweist und ihm rät, die Sache auf sich beruhen zu lassen.

Daraufhin verkauft er seinen Besitz und plant, seine Familie vorübergehend umzusiedeln, in der Absicht, ein drittes Mal – diesmal persönlich – beim Kurfürsten vorzusprechen. Seine Frau Lisbeth übernimmt die eigenhändige Übergabe der Bittschrift und wird dabei tödlich verletzt. Kohlhaas greift nach diesem Vorfall zur Selbstjustiz: Zunächst setzt er die Tronkenburg in Brand, dann Wittenberg. Als „Statthalter Michaels, des Erzengels" besiegt er ein sächsisches Heer.

Nach dieser Handlung wendet sich Luther mit einem öffentlichen Plakat an Kohlhaas, wobei er ihn der Ungerechtigkeit und der Mordlust bezichtigt. Kohlhaas begibt sich daraufhin nach Wittenberg zu Luther, der ihm nach dem Gespräch freies Geleit verschafft, um erneut die Klage in Dresden bei dem Kurfürsten einzureichen. Den Tronkas erscheint es zwischenzeitlich zum eigenen Vorteil ratsam, Nachforschungen über den Verbleib der Pferde anzustellen. Ein Abdecker führt schließlich die Pferde vor und Kohlhaas identifiziert sie als die seinen. Durch das Auftauchen eines früheren Anhängers seiner Räuberbande gerät Kohlhaas in eine ihm gestellte Falle, wird in den Kerker geworfen und durch Bemühungen des Kurfürsten von Brandenburg daraus befreit.

Inzwischen wurde Kohlhaas, weil der Fall vor den Kaiser gebracht worden war, in Berlin zum Tode verurteilt. Vergeblich versucht nun der Kurfürst von Sachsen Kohlhaas zu retten, nachdem er erfahren hat, dass dieser im Besitz eines Amuletts mit einer ihn betreffenden Prophezeiung einer Zigeunerin ist. Der Versuch misslingt und Kohlhaas wird in Brandenburg erneut zum Tode verurteilt.

Auf dem Weg zur Hinrichtung stellt der Verurteilte mit Genugtuung fest, dass sein Bestreben nach Recht und Gerechtigkeit erfüllt wird. In allen Punkten ist seiner Klage in Dresden stattgegeben worden. Kurz vor seiner Hinrichtung entdeckt er unter den Umherstehenden den Kurfürsten von Sachsen und verschluckt vor dessen Augen den Zettel mit dem Geheimnis.

Handlungsübersicht

Ort/Personen	Seite/Zeile	Inhalt	Aspekt
Kohlhaas	S. 5, Z. 1 – Z. 17	**Einleitung**	Überlieferung gemäß der Chronik
Tronkenburg Kohlhaas Zöllner Burgvogt Junker v. Tronka	S. 5, Z. 18 – S. 10, Z. 15	**1. Abschnitt** –Beginn des Streitfalls	Ereignisse am Schlagbaum; Kohlhaas' Rechtsbewusstsein
Dresden Tronkenburg Kohlhaas Burgvogt Junker v. Tronka	S. 10, Z. 16 – S. 14, Z. 7	– Passscheinforderung ist widerrechtlich; – Missbrauch der Pferde – Weigerung Kohlhaas' die Pferde mitzunehmen – Beleidigung durch den Junker	Kohlhaas' Bemühen um Akzeptanz der Forderung und Verletzung seiner Würde
Kohlhaasenbrück Kohlhaas Lisbeth Herse	S. 14, Z. 8 – S. 20, Z. 3	**2. Abschnitt** – Bericht Lisbeths über Herses Unglück – Verhör Herses	Wahrheitsfindung und Vergewisserung über die Vorgänge auf der Tronkenburg
Dresden Kohlhaasenbrück Kohlhaas Gericht	S. 20, Z. 4 – S. 21, Z. 17	– Verfassen einer Bittschrift – Ablehnung der Klage in Dresden – Kohlhaas soll die Sache auf sich beruhen lassen	Ablehnung der Klage in Dresden beruht auf verwandtschaftlichen Beziehungen der von Tronkas
Brandenburg Kohlhaasenbrück Kohlhaas H. v. Geusau Lisbeth	S. 21, Z. 18 – S. 32, Z. 12	– H. v. Geusau rät Kohlhaas zur Bittschrift an den Kurfürsten von Brandenburg – verwandtschaftliche Beziehung zwischen Graf Kallheim und Junker W. v. Tronka – Resolution aus Berlin, Kohlhaas sei ein „unnützer Querulant" – persönliches Einreichen der Klage in Berlin durch Lisbeth – Lisbeths Tod	Kohlhaas' Empfindung der Machtlosigkeit gegenüber der korrupten Staatsmaschinerie Vollzug einer inneren Wandlung
Tronkenburg Kohlhaas und Anhängerschaft Junker W. v. Tronka Hans v. Tronka	S. 32, Z. 12 – S. 36, Z. 27	**3. Abschnitt** – Ultimatum an den Junker W. v. Tronka – Überfall auf die Tronkenburg – Flucht des Junkers W. v. Tronka – „Kohlhaasisches Mandat"	Kohlhaas' Rache Chaos Distanz des Erzählers zum Verhalten Kohlhaas'
Stift zu Erlabrunn Äbtissin v. Tronka Kohlhaas Knechte Stiftsvogt	S. 36, Z. 27 – S. 37, Z. 35	– Ergreifung des Junkers W. v. Tronka erfolglos	Zufall: Eingreifen der Natur; Verzicht auf Verwüstung des Klosters
Wittenberg Kohlhaas und Anhängerschaft O. v. Gorgas (Landvogt) Gerstenberg (Hauptmann)	S. 37, Z. 36 – S. 44, Z. 8	– zweites und drittes Mandat – Zulauf aus der Menge – erste Brandlegung in Wittenberg – Forderung der Auslieferung des Junkers	Kohlhaas' Selbsterhöhung Erzählerkritik Volk stellt sich gegen den Junker W. v. Tronka

Ort/Personen	Seite/Zeile	Inhalt	Aspekt
Jenkens (Bürgermeister) Junker W. v. Tronka Prinz F. v. Meißen		– Sieg über Truppen aus Wittenberg – zweite Brandlegung in Wittenberg – Unterbringung des Junkers W. v. Tronka am sicheren Ort – Kohlhaas' Sieg über Truppe des Prinzen v. Meißen	
Leipzig Kohlhaas und Anhängerschaft	S. 44, Z. 8 – S. 45, Z. 27	– Brandlegung in Leipzig – Mandat – Aufenthalt des Junkers W. v. Tronka in Dresden	Mandat: Kohlhaas' Hybris Ziel: Errichtung einer besseren Ordnung der Dinge
Wittenberg Kohlhaas Luther	S. 45, Z. 28 – S. 53, Z. 18	– Plakat Luthers – Kohlhaas' Besuch bei Luther – Bittschrift Luthers an den Kurfürsten v. Sachsen: Amnestie	Kohlhaas' Beweggründe und Legitimation für sein Handeln; Kohlhaas' Verständnis von Gesellschaft
Dresden Kurfürst v. Sachsen Prinz Ch. v. Meißen Graf Wrede (Großkanzler) Graf Kallheim (Staatskanzler) Hinz v. Tronka (Mundschenk) Kunz v. Tronka (Kämmerer)	S. 53, Z. 19 – S. 58, Z. 40	**4. Abschnitt** – Beratung des Staatsrates über Luthers Vorschlag – Zusicherung freien Geleits durch den Kurfürsten v. Sachsen – Kohlhaas begibt sich freiwillig in die Gewalt des Kurfürsten	Wendepunkt: Amnestieversprechen
Kohlhaas Prinz Ch. v. Meißen Graf Wrede	S. 59, Z. 1 – S. 61, Z. 17	– Kohlhaas wird zum eigenen Schutz bewacht – Kohlhaas reicht Klage ein	Kohlhaas' Vertrauen in die Rechtsprechung von Dresden
Junker W. v. Tronka Hinz v. Tronka Kunz v. Tronka	S. 61, Z. 18 – S. 63, Z. 34	– Nachforschungen über die Rappen – ohne Erfolg – Abdecker aus Döbbeln führt die Rappen nach Dresden	Widerspiegelung der Verhältnisse am Dresdner Hof
Abdecker Kunz v. Tronka Junker W. v. Tronka Freiherr v. Wenk Kohlhaas Graf Wrede Meister Himboldt	S. 64, Z. 1 – S. 70, Z. 21	– Besichtigung der Rappen durch die Tronkas – Kohlhaas als Zeuge – Aufruhr in der Menge	Unvorhersehbare Verflechtung von Handlungsmechanismen
Kurfürst Kunz v. Tronka Graf Kallheim	S. 70, Z. 22 – S. 72, Z. 17	– Umschlagen der Stimmung im Volk – gegen Kohlhaas – Kohlhaas' Bereitschaft zum Einlenken	Wendepunkt: Bezeichnung der Handlungen Kohlhaas' als Ungerechtigkeiten, erneute Kränkung
Nagelschmidt Prinz Ch. v. Meißen Graf Wrede Sternbald Kohlhaas' Kinder	S. 72, Z. 18 – S. 76, Z. 28	– Nagelschmidt setzt den Kampf angeblich im Namen Kohlhaas' fort – Verdacht wird von Kohlhaas als Anstifter abgewendet	Eingreifen des Erzählers Schwächung der Position Kohlhaas' durch die Tronkas
Kohlhaas Freiherr v. Wenk	S. 76, Z. 29 – S. 82, Z. 14	– Kohlhaas wird Rückreise nach Kohlhaasenbrück verweigert (keine Pässe)	Bruch des Amnestieversprechens

Ort/Personen	Seite/Zeile	Inhalt	Aspekt
		– Kohlhaas ist Gefangener und fühlt sich an keine Absprache mehr gebunden – Nötigung der Regierung durch Kohlhaas	
Nagelschmidt Knecht Kohlhaas Kurfürst v. Wenk Kunz v. Tronka Hinz v. Tronka	S. 82, Z. 15 – S. 85, Z. 36	– Brief Nagelschmidts an Kohlhaas: Fortsetzung der Gewalt – Kohlhaas' scheinbare Zustimmung – Kohlhaas wird arretiert – Prozess und Verurteilung	Kohlhaas' Absicht: Resignation Aufgabe
Dresden (Sachsen) – Dahme (Brandenburg) Berliner Hof Dresdner Hof Ritter v. Mahlzahn Kohlhaas Kurfürst v. Sachsen Heloise	S. 85, Z. 37 – S. 105, Z. 9	**5. Abschnitt** – Einschreiten des Kurfürsten v. Brandenburg – Auslieferung Kohlhaas' nach Berlin – Begegnung Kohlhaas' mit Kürfürst v. Sachsen – Kurfürst entdeckt die Kapsel – Kohlhaas erklärt die Bedeutung der Kapsel – Ohnmacht des Kurfürsten – Kurfürst versucht, in den Besitz des Zettels zu kommen – Kohlhaas will Rache – Begnadigungsgesuch des Kurfürsten v. Sachsen an den Kaiser abgelehnt – Gespräch: Kurfürst – Kämmerer über die Kapsel	Wendepunkt: Prekäre Situation für den sächsischen Hof – Schwierigkeit der Anklage Handlungsohnmacht des Kurfürsten von Sachsen Rückblende: Funktion des Amuletts
Berlin Kohlhaas Kämmerer Zigeunerin	S. 105, Z. 10 – S. 110, Z. 4	– Kohlhaas im Gefängnis und Verurteilung – Rat der Zigeunerin, den Zettel gegen Freiheit zu tauschen	Kohlhaas' Macht über den Kurfürsten
Kohlhaas Freising (Theologe) H. v. Geusau Kurfürst v. Brandenburg Kurfürst v. Sachsen	S. 110, Z. 5 – S. 115, Z. 22	– Hinrichtungstag – Zigeunerin informiert Kohlhaas über Anwesenheit des Kurfürsten – Verurteilung des Junkers W. v. Tronka – Kohlhaas' Rache am Kurfürsten v. Sachsen – Kohlhaas' Hinrichtung – Ritterschlag der Knaben	Kohlhaas' Versöhnung mit der Welt Genugtuung Kohlhaas'

Handlungsübersicht – Strukturskizze

Kohlhaas' Rechtsbewusstsein – Zugang zur Novelle (S. 5, Z. 1 – S. 5, Z. 17)	Einleitung	Charakterisierung Kohlhaas'
Entwicklung der Gewaltspirale (S. 5, Z. 18 – S. 32, Z. 12)	Situation am Schlagbaum	Kohlhaas' Rechtsbewusstsein und die Verletzung seiner Würde (S. 5, Z. 18 – S. 19, Z. 17)
	Kohlhaas als Advokat	Dialog: Kohlhaas – Herse (S. 15, Z. 21 – S. 19, Z. 24)
	Kohlhaas' Suche nach legalen Lösungsmöglichkeiten	Anrufung der Instanzen (S. 19, Z. 25 – S. 3, Z. 12)
Kohlhaas' Rachefeldzug und Intervention Luthers (S. 32, Z. 12 – S. 58, Z. 40)	Selbstjustiz zur Durchsetzung des Rechtsstandpunktes	Tronkenburg Erlabrunn Wittenberg Leipzig
	Kohlhaas in Wittenberg	Gespräch Kohlhaas – Luther (S. 48, Z. 29 – S. 53, Z. 18) Bittschrift Staatsratssitzung Auflösung des Kriegerhaufens
Ereignisse in Sachsen (S. 53, Z. 1 – S. 85, Z. 36)	Abdeckerszene	Stimmungsumschwung im Volk Nagelschmidt
	Bruch des Amnestieversprechens	Pässe Gefangenschaft Nagelschmidt – Falle
Ereignisse in Berlin (S. 85, Z. 37 – S. 115, Z. 22)	Rechtsweg in Brandenburg und Einschreiten des Kurfürsten	Amulett der Zigeunerin Begegnung zwischen Kurfürst und Kohlhaas
	Rache am Kurfürsten und Hinrichtung	Bemühungen des Kurfürsten um den Zettel Prophezeiung der Zigeunerin Todesurteil und Hinrichtung

Vorüberlegungen zum Einsatz der Novelle im Unterricht

Kleist vollendete seine erste Erzählung, *Michael Kohlhaas,* die er bereits 1804 begann und die 1808 als Fragment im „Phoebus“ erschien, im Jahre 1810. Auf sie wird im Gegensatz zu anderen „Klassikern“ als anspruchsvolle und gegenwartsbezogene Novelle im Deutschunterricht der Oberstufe eher selten zurückgegriffen.
Die Erzählungen Kleists werden auch in der Forschungsliteratur keineswegs einstimmig positiv beurteilt: „Wie immer man den selbstmörderischen Triumphgesang Kleists und seiner Helden benennt – ‚Erkrankung des Ich‘, Pathologie, Ekstase oder gesellschaftlich bedingte Neurose – wir haben es mit einem psychologischen bzw. pathologischen System zu tun und nicht mit einem symbolischen oder erkenntnistheoretischen.“[1] Kleists Erzählungen sind eine „Prosa, die mörderisch ist, weil das Schreckliche kalt und unbeteiligt vorgetragen wird, eine verborgene Komplizenschaft des Autors ahnen lassend“.[2]
Entgegen dieser Einschätzung entwirft Kleist jedoch in seiner Novelle einen Menschen, dem es um Gerechtigkeit, um Wahrheit, um den Schutz der Gesetze in einer radikalen Weise auch unter Einsatz seines eigenen Lebens geht.
Die Auseinandersetzung (als Rechtsbürger) mit Recht, Gerechtigkeit und Pflichtbewusstsein in Bezug auf staatliche wie auf private Belange berührt das Leben der Menschen überhaupt und insbesondere das der Schülerinnen und Schüler. Allein diese Tatsache spricht für den Einsatz der Novelle im Unterricht. Der inhaltliche Schwerpunkt der Novellenhandlung liegt darauf, dass ein überaus rechtschaffener Mensch und absolut loyaler Staatsbürger durch ein – gemessen an den Folgen – kleines, eher beiläufig erlittenes Unrecht sich selbst ins Unrecht setzt und schließlich dem Staat den Krieg erklärt.[3]
Kleist bezieht den Novellenstoff teilweise aus einem authentischen Fall, zurückgehend auf die „Nachricht von Hanß Kohlhaasen“ von Peter Hafftiz aus der ersten Hälfte des 16. Jahrhunderts, legt aber nicht vorrangig den inhaltlichen Schwerpunkt auf die Historizität. Hauptsächlich geht es Kleist – bei zahlreichen Veränderungen gegenüber der Vorlage – um den „Kampf ums Recht“, um die Auflehnung eines Individuums gegen Willkür und Übergriffe des Staates. Bestimmte Ereignisse und Handlungen von Mitbürgern wie vonseiten des Staates bestimmen die jeweiligen Reaktionen eines Individuums und verkehren dessen ursprüngliche Handlungsabsichten u. U. ins Gegenteil.
Die Schülerinnen und Schüler begegnen in dem Protagonisten ‚Kohlhaas‘ einem Menschen, der das Absolute will und letztlich an diesem Willen scheitert. Sie begegnen einem Menschen, der selbstbewusst um sein Recht kämpft, letztlich dafür aber mit dem Leben bezahlt. Auf der anderen Seite werden die Schülerinnen und Schüler mit einem Staat konfrontiert, der, geprägt durch Willkür und Korruption, dem Bürger das Recht versagt.
Kohlhaas ist lange Zeit bereit, die Ordnung nicht infrage zu stellen, auch einem offensichtlich ungerechten Gebot zu folgen, sofern es „rechtlich“ – von oben angeordnet – ist. Je mehr er aber feststellt, dass die Anordnungen einer Willkür entspringen, desto mehr eskalieren die Ausdrücke des Erzählers zum Ordnungsproblem: „die allgemeine Not“ (S. 7), die „gebrechliche Einrichtung“ (S. 14), die „ungeheure Unordnung“ (S. 21) der Welt. Notwendig wird Kohlhaas zum Täter: „Das Rechtgefühl machte ihn zum Räuber und Mörder“ (S. 5).
Gerade das Bemühen um Recht und Einhaltung von Gesetzen, der „Kampf ums Recht“, begegnet in vielfältiger Form auch den Schülerinnen und Schülern und dürfte von daher ihr Interesse wecken. Der Text entbehrt nicht einer gewissen Spannung. Im Fall des Kohlhaas wird das Handeln nicht aus Willkür und grundlosem Aktionismus heraus begründet, sondern dessen Wüten als entschiedenes Handeln, als Reaktion auf die desolate politische Lage dargestellt. Die andauernde Aktualität von *Michael Kohlhaas* bedingt die Überwindung der nicht unbeträchtlichen historischen Distanz. In der Figur des Kohlhaas konzentriert Kleist die Grundzüge seiner eigenen Zeit.

[1] Vgl. Bohrer (1981), S. 289.
[2] Vgl. Bohrer (1981), S. 289.
[3] Vgl. Bohnert (1988/89); Müller-Salget (1990), S. 705ff.; Kremer (2003), S. 162.

Konzipiert ist dieses Modell für die Jahrgangsstufen 11–13, in didaktisch reduzierter Form ist es jedoch auch in den Klassen 9–10 einsetzbar.
Da Kleists Sprache eine nicht unerhebliche Hürde darstellt, kann es in leistungsschwächeren Lerngruppen sinnvoll sein, die Novelle unterrichtsbegleitend zu lesen.
Wie kaum eine andere Novelle bietet Kleists *Michael Kohlhaas* aufgrund der Vielfältigkeit der angesprochenen Themen die Möglichkeit eines fachübergreifenden und fächerverbindenden Unterrichts. Auch ein umfassendes Projekt, an dem die Fächer Deutsch, Philosophie, Religion, Geografie, Geschichte und Sozialwissenschaften beteiligt sind, ist denkbar.
Die Materialien im Anhang der Textausgabe und das Zusatzmaterial in diesem Modell dienen der Ergänzung und Vertiefung der im Unterricht besprochenen Themen. Diese Materialien ermöglichen darüber hinaus den Einstieg in einen fachübergreifenden und fächerverbindenden Unterricht.
Die folgende Übersicht bietet eine Orientierung über mögliche Referatthemen und Klausuren.

Übersicht über Referatthemen

Mögliche Referatthemen	**Zusatzmaterialien**	**Unterrichtlicher Zusammenhang**	**Ergänzendes Material der Textausgabe**
1) Ökonomische Modernisierungs-Bestrebungen in Preußen	Z 1 Z 2 Z 3	B 3.1	
2) Rechtliche Grundlagen ALR	Z 5	B 3.2	S. 130–131
3) Luthers Stellungnahme zu den Bauernaufständen	Z 6	B 5.1	
4) Naturrecht und positives Recht	Z 8 Z 9 Z 10 Z 11	B 5.3	
5) I. Kant: Handeln aus Pflicht	Z 12	B 5.3	
6) Rebell	Z 15	B 6.1	
7) Zigeuner	Z 16	B 7.2	
8) Zensur in Preußen	Z 17	B 7.3	
9) Phasen der Rezeption	AB 10 AB 11 AB 12 AB 13 Ab 14	B 8	(Entstehungsgeschichte) S. 150–159

Vorschläge für Klausuren und Facharbeiten

Die Klausuren können im Rahmen der unterrichtlichen Arbeit vorbereitet werden (B 5, B 8).

Mögliche Klausurthemen:

1. Analysieren Sie den Dialog zwischen Kohlhaas und Herse (Textausgabe S. 15, Z. 31 – S. 19, Z. 24) unter besonderer Berücksichtigung von Kohlhaas' Rechtsgefühl.
   (Die schematische Skizze (Zusatzmaterial 4) dient sowohl als Kopiervorlage als auch als Hinweis auf die inhaltliche Schwerpunktsetzung. Zur Vorbereitung der Dialoganalyse s. auch Zusatzmaterial 19.)

2. Vergleichende Analyse des fiktiven Lutherbriefes (Textausgabe S. 46, Z. 1 – Z. 34) und des historischen Briefes (Textausgabe S. 140 – 142).
   Analysieren Sie beide Texte vergleichend unter besonderer Berücksichtigung der Intention der Erzählung.

3. Die Legitimation von Kohlhaas' Handeln lässt sich auf der Grundlage eines Auszuges aus I. Kant: Kritik der praktischen Vernunft (Zusatzmaterial 19) erarbeiten.
   Tipps und Techniken zum Aufbau einer Analyse liefert das ergänzende Material im Anhang der Textausgabe (S. 162 – 164).

4. Im Rahmen der Rezeption steht ein Auszug aus E. L. Doctorow: Ragtime zur Verfügung. Neben einem inhaltlichen (und auch sprachlichen) Vergleich bietet sich die Möglichkeit, die Aktualität der Thematik aufzuzeigen.
   Vorgeschlagen wird folgender Auszug aus: E. L. Doctorow: Ragtime. Köln 2000, S. 185 – 188.

Vorschläge für Facharbeiten:

5. Ökonomische Modernisierungsbestrebungen in Preußen. Hinweise liefert Zusatzmaterial 1, 2, 3.

6. Der Einfluss Lockes auf das Denken Kohlhaas'. Erste Hinweise bietet Zusatzmaterial 8, 11.

7. Vor dem Hintergrund der unterschiedlichen Persönlichkeitsauffassungen des 18. und 19. Jahrhunderts kann die Bedeutung des Zufalls in der Novelle Kleists untersucht werden.

Konzeption des Unterrichtsmodells

Das vorliegende Unterrichtsmodell versucht mithilfe handlungs- und produktionsorientierter sowie textanalytischer Zugriffsweisen Schülerinnen und Schülern einen Zugang zu Kleists Novelle zu verschaffen. Beide Verfahrensweisen ergänzen einander bei der Förderung des Verstehensprozesses.
Thematisch liegt der Schwerpunkt auf der Hauptfigur *Michael Kohlhaas.* Ausgehend von der Radikalität seines Charakters – Kohlhaas, der das Absolute will, ist zum Scheitern verurteilt – wird seine Entwicklung bis hin zur Wiederherstellung seines Gerechtigkeitsempfindens nachgezeichnet.

Baustein 1 bietet als Einstieg in die Thematik einen (textfreien) subjektiven Zugang. Es werden Varianten vorgestellt, abhängig davon, ob die Schülerinnen und Schüler die Novelle bereits gelesen haben oder nicht. Dem Schwierigkeitsgrad der Lektüre angemessen, gibt es Vorschläge zur Lektürebegleitung.

Baustein 2 versucht ein differenziertes Wissen zum historischen Hintergrund zu vermitteln. Dabei geht es zunächst um die Situation des Bürgertums im 18. Jahrhundert, somit um die gesellschaftspolitische Situation zur Zeit Kleists als unmittelbarer Entstehungshintergrund der Erzählung. Die Projektion der Novellenhandlung in das 16. Jahrhundert erfordert sodann auch einen Vergleich beider Jahrhunderte. Die Erarbeitung mündet in einen sich anschließenden direkten Bezug zur Einleitung der Novelle.

Baustein 3 zeichnet Kohlhaas' Weg zur Rache nach und thematisiert so sein Rechtsbewusstsein. Aus dem konfliktträchtigen Nebeneinander von adeligen Privilegien und bürgerlichen Emanzipationsbestrebungen sowie dem willkürlichen Ausnutzen von Machtpositionen bezieht die Novellenhandlung ihre Aktualität.

Baustein 4 rückt die Figur *Michael Kohlhaas* als Rächer in den Mittelpunkt und beschäftigt sich mit den rechtlichen Grundlagen seiner Handlungsweise.

In **Baustein 5** geht es um das Thema „Individuum und Gesellschaft". Höhepunkt und zugleich Ausgangspunkt ist hier der zentrale Dialog zwischen Luther und Kohlhaas. Vor allem wird Kohlhaas' Auffassung von Staat und Gesellschaft zum Gegenstand des Unterrichts gemacht und mit der Luthers verglichen. Der Primärtext erfordert eine philosophische Ausrichtung und Erarbeitung. Ausgehend von der staats- und moralphilosophischen Position Kohlhaas' werden Texte von Locke, Rousseau und Kant zum genaueren Verständnis herangezogen.

Baustein 6 konzentriert sich auf die Ereignisse in Sachsen. Bearbeitet werden hier die Szenen, die die Entwicklung der Handlung und die Entscheidungen über das Schicksal Kohlhaas' maßgeblich beeinflussen. Hier wird eine szenische Umsetzung der Staatsratssitzung zum besseren Verständnis vorgeschlagen.

Baustein 7 beschäftigt sich mit den Ereignissen in Brandenburg. Im Mittelpunkt steht die Geschichte der Zigeunerin, die zum Anlass genommen wird, auf Merkmale der Novelle und der Erzählsituation zu rekurrieren.

In **Baustein 8** geht es um die Rezeptionsgeschichte der Erzählung. Die einzelnen Phasen der Rezeption bedingen die unterschiedliche Sichtweise auf die Hauptaussage der Novelle und lassen die Hauptfigur *Michael Kohlhaas* im unterschiedlichen Licht erscheinen.

Möglichkeiten der punktuellen Vertiefung liefern die Zusatzmaterialien, die der Chronologie des Unterrichtsverlaufs entsprechend angeordnet sind.

Die thematischen Bausteine des Unterrichtsmodells

Baustein 1 *Einführung in die Thematik und Lektürebegleitung*

In diesem Baustein werden verschiedene Möglichkeiten für einen Einstieg in die Lektürearbeit vorgestellt.

1.1 ❒ Anregungen für den Lektüreprozess

Unabhängig davon, ob die Lektüre vorab vollständig oder schrittweise und unterrichtsbegleitend gelesen wird, sind folgende Erschließungshilfen alternativ einsetzbar.

In einem ersten Schritt geht es um die Sensibilisierung für die Thematik. Vor diesem Hintergrund dient Arbeitsblatt 1, S. 20 der Einstimmung und bietet, ausgehend von den unterschiedlichen Erfahrungen der Schüler, einen subjektiven Zugang zu wesentlichen Aspekten der Novelle. Diese Arbeit erfolgt ohne Textgrundlage. Dabei werden einzelne Gesichtspunkte im Vorfeld angesprochen, die einerseits die Lernenden aus ihrem Alltag kennen, andererseits werden damit Aspekte der Lektüre thematisiert, die vor dem Hintergrund der Auseinandersetzung mit Recht, Gerechtigkeit, Gesetz und Staat Aktualität besitzen und damit auch die historische Differenz der Novelle überwinden.

Die Diskussion einzelner Fragen kann in Kleingruppen erfolgen. Die Ergebnisse sollten fixiert werden, um zu einem geeigneten Zeitpunkt darauf zurückgreifen zu können.

Aufgrund der nicht leicht durchschaubaren Handlung sowie der zu erwartenden sprachlichen Barriere sollten den Lernenden auf jeden Fall lektürebegleitende Hilfen zur Verfügung gestellt werden.
Mithilfe einer individuellen Lesehilfe (Vorschlag s. u.) wird die Arbeit an den einzelnen Abschnitten der Novelle vorbereitet. Diese von den Schülerinnen und Schülern anzufertigende Lesehilfe kann als Grundlage einer individuellen Lektürebegleitung dienen und ermöglicht darüber hinaus die Formulierung von Interessenschwerpunkten. Hier ist Raum für Notizen, Verständnisfragen etc. Einzusetzen ist diese individuelle Lesehilfe nicht nur beim ersten subjektiven Lektüredurchgang, sondern auch während des Lektüreprozesses im Unterricht.

Notizen zur Lektüre

Fundstelle	Notizen

❐ *Notieren Sie, was Ihnen an der Darstellung Kleists besonders auffällt, bemerkenswert, fragwürdig erscheint.*

In der individuellen Auseinandersetzung mit verschiedenen Aspekten könnten sich folgende Diskussionspunkte ergeben: Auseinandersetzung mit einzelnen Personen; persönliche Stellungnahme zum Verhalten Kohlhaas'; Fragen zur Intervention und zur Funktion Luthers. Wird der Text vorab gelesen, sollten die Leseerfahrungen zunächst in Gruppen vorgestellt und diskutiert werden, wobei sich jede Gruppe auf maximal drei Themen bzw. Stichpunkte einigt. Im Clusterverfahren werden dann die Themen im Plenum vorgestellt, strukturiert und diskutiert. Dieses schülerorientierte Verfahren bietet eine geeignete Möglichkeit zur Orientierung für die im Unterricht schwerpunktmäßig zu behandelnden Themen.

1.2 ❐ Dokumentation des Handlungsverlaufs

Für die Dokumentation des Handlungsverlaufs kann eine Übersicht als Orientierungshilfe dienen. Dies bietet sich dann an, wenn die Lektüre ganz gelesen werden soll. Wesentliche Ereignisse, Orte, Personen und die Intention der Handlung sollten in eine tabellarische Übersicht übernommen werden. Das erleichtert das Textverständnis und ermöglicht rasches Auffinden und die Einordnung entsprechender Textpassagen in den Kontext.
Die Lernenden erhalten folgenden Arbeitsauftrag:

❐ *Fertigen Sie zu jedem Abschnitt als Orientierungshilfe eine Mitschrift an. Stellen Sie heraus, welche Ereignisse jeweils den Verlauf der Handlung bestimmen.*

Die Übersicht über den Handlungsverlauf könnte folgendermaßen gestaltet werden:

Seite/Zeile	Person	Zeit/Ort	Ereignis	Funktion

1.3 ❐ Der „Klappentext"

Bei diesem Verfahren zum Einstieg wird vorausgesetzt, dass alle den gesamten Text schon gelesen haben. Die Schüler arbeiten dabei weitgehend selbstständig in Gruppen. Jede Gruppe erhält ein großes Blatt Papier und schreibt den Titel „*Michael Kohlhaas*" in die Mitte. Anschließend werden über einen bestimmten Zeitraum der Reihe nach Begriffe um den Titel herum aufgeschrieben, die den Lernenden zu der Novelle einfallen. Es kann sich dabei um Wertungsaspekte, inhaltliche Gesichtspunkte oder auch Verständnisakzente handeln. Die Lernenden sprechen während dieser Phase (ca. 10 Minuten) nicht miteinander. Anschließend erhalten sie folgenden Auftrag:

❐ *Sie haben wahrscheinlich zahlreiche Begriffe um den Titel herum aufgeschrieben. Einigen Sie sich im Gruppengespräch auf sechs Begriffe, die Ihnen besonders wichtig erscheinen.*

Es wird sich vermutlich eine lebhafte Diskussion ergeben, in der die Lernenden ihre persönlichen Zugehensweisen und Verstehensprobleme äußern. Es schließt sich eine Schreibphase mit folgendem Auftrag an:

❐ *Verwenden Sie die sechs Begriffe für einen möglichen Klappentext. Dabei können Sie auch mögliche Verständnisprobleme äußern, sofern diese aus den von Ihnen gewählten Begriffen hervorgehen.*

Das ausgewählte und in den Texten verwendete Begriffsrepertoire gibt der Lehrperson Aufschluss über den Verstehenshorizont und die Erarbeitungsinteressen der Lernenden. Die Texte können zusammen mit den beschriebenen Papierbögen im Kursraum aufgehängt werden, gegebenenfalls am Ende wieder aufgegriffen und im Sinne eines tatsächlichen Klappentextes oder einer ausformulierten Rezension überarbeitet werden.

Maßstäbe meines Handelns ...!?

Baustein 1

Arbeitsblatt 1

Wurden Sie schon einmal ungerecht behandelt? Wie haben Sie reagiert?

Verkörpern für Sie Gesetze gleichzeitig Gerechtigkeit?

Wie wichtig ist für Sie die Einhaltung von Gesetzen?

Was verstehen Sie unter gesetzeswidrigem Handeln?

Was ist für Sie tugendhaftes Verhalten?

Was bedeutet für Sie Handeln aus Pflicht?

Haben Sie schon einmal Grund gehabt, sich nicht tugendhaft zu verhalten?

Aus welchem Grund haben Sie schon einmal rebelliert?

Inwiefern sehen Sie eine Verbindung zwischen Recht und Gewalt?

Was würden Sie tun, wenn Ihnen unter Einschaltung aller Rechtsmittel Ihr Recht versagt würde?

Baustein 2 Hintergründe

Bei der Erarbeitung der Novelle kann die historische Differenz, die Zeit Kleists als Entstehungszeit der Novelle einerseits und die Verlagerung und Einkleidung der Handlung in ein historisches Gewand des 15./16. Jahrhunderts andererseits, Probleme bereiten.
Auf die Schwierigkeit der epochengeschichtlichen Einordnung der Novelle Kleists wird in der Forschung mehrfach hingewiesen. Der Text „verliere sich in einer an Epochenzuordnungen interessierten Literaturgeschichtsschreibung traditionell im Niemandsland zwischen Romantik und Weimarer Klassik [...] Seine (sc. Kleists) Erzählungen stehen gewiss nicht im Zentrum einer romantischen Programmatik“.[1]
Für die Zeitspanne zwischen 1770 und 1830 hat R. Koselleck den Begriff „Sattelzeit“ geprägt, um zu zeigen, dass in diesen sechzig Jahren der Grundstein für den Beginn der modernen bürgerlichen Gesellschaft gelegt wird.[2]

Ziel dieser Erarbeitungsphase ist es, den Lernenden ansatzweise zeit- und ideengeschichtliches Hintergrundwissen zu vermitteln, das ihnen ermöglicht, die Novelle *Michael Kohlhaas* differenzierter zu erfassen.

Im Einzelnen geht es bei der Erarbeitung um folgende Aspekte:

- Die gesellschaftspolitische Situation im Deutschland des 18. Jahrhunderts und das bürgerliche Selbstbewusstsein
- Rechts- und Sozialverhältnisse in Deutschland im 16. Jahrhundert

Im Folgenden wird eine sukzessive Erarbeitung vorgeschlagen. Möglich ist es auch, anhand des in der Textausgabe enthaltenen Materials und der Arbeitsblätter einzelne Aspekte in Gruppen erschließen zu lassen. Die Präsentation der Ergebnisse sollte dann zu einem ausdifferenzierenden Unterrichtsgespräch genutzt werden.

2.1 ❒ Die gesellschaftspolitische Situation im Deutschland des 18. Jahrhunderts und das bürgerliche Selbstbewusstsein

Für die Bearbeitung dieses Themenkomplexes stehen insgesamt zwei Texte zur Verfügung: Der Text „Das Zeitalter der bürgerlichen Revolution“ (Textausgabe S. 124–127) sowie der Text „Die Situation des Bürgertums im 18. Jahrhundert“ (Arbeitsblatt 2, S. 26f.) liefern einige grundlegende Informationen zur gesellschaftspolitischen Situation im Deutschland des 18. und beginnenden 19. Jahrhunderts.
Hervorgehoben werden in den Texten die wesentlichen Forderungen der bürgerlichen Gesellschaft „nach Chancengleichheit sowie Freiheit im Denken und wirtschaftlichen Handeln“, denn die bürgerliche Gesellschaft „löst die alte, ständisch gegliederte, von der Kirche und ihrer geistigen Vormundschaft geleitete Gesellschaft ab“ (Textausgabe S. 124, Z. 6ff.).
Unter dem Einfluss der Französischen Revolution (1789) kam es zwar letztlich in Deutschland, das in eine Vielzahl von Kleinstaaten zersplittert war, zu keiner bürgerlich-demokratischen Umwälzung wie in Frankreich. Dennoch entwickelte das Bürgertum Selbstbewusstsein, das es dem Adel entgegensetzt. „Nicht die durch Herkunft und Geblüt ererbten Privilegien machen für den Bürger den Wert des Menschen aus; er entwickelt sein mo-

[1] Kremer (2003), S. 1–2
[2] Koselleck (1979), S. 339

dernes Ich-Bewusstsein als selbstbestimmtes Subjekt aus der Entfaltung seiner intellektuellen, psychischen und physischen Fähigkeiten“ (Textausgabe S. 125, Z. 14ff.).
Diese Autonomiebestrebungen finden auch in der Literatur ihren Niederschlag, die sich nicht mehr nur einem bestimmten Adressatenkreis zuwendet, sondern grundsätzlich alle Menschen ansprechen möchte. In Bezug auf Gestaltungsprinzipien und inhaltliche Aussagen werden Ausdrucksformen angestrebt, die wirkungsvoll die intendierte Botschaft vermitteln.

Für die Bearbeitung dieser beiden Texte bietet sich eine differenzierte Partnerarbeit an. Die Lernenden erhalten folgenden Arbeitsauftrag:

❒ *Lesen Sie die Texte auf dem Arbeitsblatt 2 und in Ihrer Ausgabe, S. 124–127. Überprüfen Sie Ihr Verständnis, indem Sie zehn Fragen formulieren, auf die der jeweilige Text eine Antwort gibt. Tauschen Sie diese Fragen mit Ihrem Banknachbarn aus und formulieren Sie stichwortartig die entsprechenden Antworten.*

Zentrale Fragen sollten anschließend noch einmal im Unterrichtsgespräch beantwortet werden. Als Ergebnissicherung beider Texte dient folgendes Tafelbild:

Das Bürgertum als Träger der Aufklärungsbewegung im 18. Jahrhundert

- fehlende Einheit eines bürgerlichen Standes
- Herausbildung unterschiedlicher Berufe
- berufliche Bindung an den Adel und Abhängigkeit vom Adel
- Forderung des Bürgertums nach Chancengleichheit, Freiheit im Denken, Freiheit im wirtschaftlichen Handeln
- Herausbildung eigener moralischer Wertvorstellungen; Entwicklung eines moralischen Ich-Bewusstseins vs. ererbte Privilegien des Adels
- Einsatz von „Vernunft“ als Garant bürgerlicher Ordnung
- Autonomiebestrebungen in der Literatur

2.2 ❒ Rechts- und Sozialverhältnisse im Deutschland zur Zeit Kleists und im 16. Jahrhundert

In einem weiteren Erarbeitungsabschnitt geht es zunächst darum, die Rechts- und Sozialverhältnisse zur Zeit Kleists zu beschreiben.
Als Textgrundlage dient das Material im Textband „Die Krise Preußens“ (S. 127f.) und „Von dem Privat- oder bürgerlichen Rechte überhaupt“ (S. 128ff.). Darüber hinaus enthält das Arbeitsblatt 3 (S. 28f.) „Reformpolitik in Preußen“ zusätzliche Informationen.
Bis zur Mitte des 19. Jahrhunderts herrschten in Preußen katastrophale Zustände innerhalb der Rechtsprechung aufgrund der spezifischen Interessenkoalition, die Fürst und Bürgertum gegen die ständische Privilegienordnung vereinte. Diese Zustände sollten durch die Arbeit am „Allgemeinen Landrecht“ (ALR), das ab 1794 gültig war, beseitigt werden. Hierdurch wurde zwar die Entwicklung des Rechtsstaates eingeleitet, es handelte sich jedoch um eine Rechtsprechung, die vorrangig Privilegierte berücksichtigte (vgl. Textausgabe S. 127, Z. 14f.).
Dieser Tatsache steht der theoretische Anspruch, den die Gesetzgebung hatte, gegenüber. Nach herrschendem Staatsrecht war es nicht nur das Recht, sondern auch die Pflicht des Monarchen, die bürgerliche Gesellschaft mit allgemeinen Gesetzen auszustatten.

Der Landesherr hatte dafür zu sorgen, dass die durch Gesetze vermittelte Rechtsgewissheit eingehalten wurde. Damit war sowohl dem landesherrlichen als auch dem bürgerlichen Interesse Rechnung getragen. Diese Kompetenzzuweisung sicherte dem Fürsten das Recht zur willkürlichen Satzung und schrieb es gegenüber allen naturrechtlichen Aufweichungstendenzen erneut fest. Auch hatte der Fürst mit der Verpflichtung, allgemeine Gesetze zu schaffen, ein wirksames Verteidigungsmittel gegen den unersättlichen Privilegienhunger des Adels in die Hand bekommen. Das Bürgertum konnte sich von den allgemeinen Gesetzen und der damit verbundenen rechtlichen Gleichstellung den Abbau all jener Benachteiligungen erhoffen, die der Vorrang traditioneller, auf Abstammung und Herkommen beruhender Rechtstitel für diese gesellschaftliche Gruppe stets bedeutet hatte. Zudem garantierte die Unverbrüchlichkeit des positiven Gesetzes, dem ja auch die Obrigkeit verbunden war, Sicherheit vor deren Eingriffen in die Sphäre von Freiheit und Eigentum.

Zur Erarbeitung der Thematik eignet sich eine arbeitsteilige Gruppenarbeit. Folgende Aufträge werden vorgeschlagen:

❒ *Lesen Sie die Texte auf den Seiten 127f. und 128ff. Ihrer Ausgabe und beantworten Sie stichwortartig folgende Fragen:*
  - *Welche Umstände erforderten die Arbeit am Allgemeinen Landrecht?*
  - *Welche Rechte und Pflichten von Untertan und Souverän werden angesprochen?*

Folgende Tafelbilder dienen der Ergebnissicherung:

Gründe für die Arbeit am ALR

- Rechtsunsicherheit, Korruption
- Parteilichkeit der Justiz
- Willkürhandlungen des Adels
- fehlende einheitliche Grundlage der Rechtsprechung
- Privilegien des Adels

Rechte und Pflichten von Untertan und Souverän

Untertan

- Pflicht des Gehorsams
- Gesetzesgehorsam gründet sich auf eigene Einsicht und Überzeugung
- Recht auf Mittel und Gelegenheiten zur Beförderung ihres Privatwohlstandes
- Entrichtung von Abgaben nur für Belange und Bedürfnisse des Staates

Souverän

- Erlass von Verordnungen und Gesetzen ausschließlich zum Wohl des Staates
- Ausschaltung des Privatinteresses
- keine willkürliche Abgabenforderung
- Rechte des Eigentums sichern
- Handeln nur zum Zweck und zum Nutzen des Staates

In einem weiteren Erarbeitungsschritt geht es nun darum, Parallelen zwischen den Rechtsverhältnissen der Zeit Kleists und der Reformationszeit, dem historischen Kontext der Novellenhandlung, aufzuzeigen. Grundlage ist dabei das Material im Anhang der Textausgabe, S. 144–147.

Dazu erhalten die Schülerinnen und Schüler folgenden Auftrag:

❒ *Lesen Sie die Texte im Anhang Ihrer Ausgabe, S. 144–147. Stellen Sie anschließend tabellarisch die Rechtssituationen im 18./19. Jh. und im 16. Jh. gegenüber. Welche Parallelen erkennen Sie?*

Folgende Ergebnissicherung ist vorstellbar:

Reformationszeit (16. Jh.)	**Zeit Kleists (18./19. Jh.)**
- Ordnungskrise (unhaltbare politische, soziale und ökonomische Zustände) - ausgeprägte Macht der Territorialfürsten - wirtschaftliche Not der Bürger - Verfeindungen zwischen den Ständen - Verlust der rechtlichen und ökonomischen Gewalt aufseiten des niederen Adels führt zu Willkürhandlungen	- Rechtsunsicherheit, Korruption, Parteilichkeit der Justiz - keine einheitliche Grundlage in der Rechtsprechung - Allgemeines Preußisches Landrecht (ALR) 1794 galt als eine Art Verfassung und war zugleich Sicherungsinstrument für bestehende Privilegien

Nach der Bearbeitung der Texte bietet es sich an, einen ersten Bezug zur Charakterisierung Kohlhaas' herzustellen, der die bürgerlichen Tugenden ebenso zu verkörpern scheint wie seine Frau Lisbeth. Auf der anderen Seite rückt der Junker Wenzel von Tronka in den Blick, der schwach ist und willkürlich handelt.

Die Lernenden erhalten folgenden Arbeitsauftrag:

❒ *Vergleichen Sie das Charakterbild der Figuren Kohlhaas/Lisbeth und Wenzel von Tronka mit den historischen Bildern von Adligem und Bürger. Wo gibt es Entsprechungen, wo gibt es Unterschiede?*
Lesen Sie dazu noch einmal die Seiten 5–19.

2.3 ❒ Die Einleitung

Ausgangspunkt für die unmittelbare Beschäftigung mit der Novelle ist die Einleitung (Textausgabe S. 5, Z. 1–16). Hier wird die Titelfigur vorgestellt, Ausgangslage und Handlungsort werden konkretisiert.
Der Leser erfährt Name, Beruf, Herkunft des Protagonisten. Die Handlung wird räumlich und zeitlich fixiert. Bezeichnung des Handlungsortes, Informationen über die wirtschaftliche Lage und die familiären Verhältnisse schließen sich an. Die hervorragenden Tugenden des *Michael Kohlhaas* vermitteln dem Leser ein prägnantes Charakterbild. Er erzieht seine Kinder „in der Furcht Gottes zur Arbeitsamkeit und Treue" (S. 5, Z. 10–11), er verhält sich gegenüber den Menschen wohltätig und gerecht.
In diesem Zusammenhang sollte auch der Erzählstil Berücksichtigung finden und die Art der Verknüpfung von Inhalt und Darstellungsweise ermittelt werden. Der Erzählstil ist konzis, gedrängt. Die Informationen sind umfassend und sachlich.
An zwei Stellen wird der Stil des sachlichen Berichts durchbrochen: durch die Apposition „einer der rechtschaffensten zugleich und entsetzlichsten Menschen seiner Zeit" (S. 5, Z. 3–5) und durch die Aussage „Ausschweifung in der Tugend" (S. 5, Z. 15). Durch das

wertende Eingreifen des Erzählers wird das ausschließlich Tugendhafte des Protagonisten infrage gestellt, was zu einer Irritation des Lesers führt.
Zugleich werden durch diese Aussagen Spannung und Interesse für den Fortgang der Handlung erzeugt. Damit ergibt sich die Frage nach der Funktion der einleitenden Zeilen überhaupt.
Die Einleitung führt in geraffter Form in die Ausgangssituation ein. Sie deutet das grundsätzliche Problem, Rechtschaffenheit und Entsetzlichkeit, an und erzeugt gerade dadurch Spannung. Der Leser erwartet eine Auflösung dieser Paradoxie.
Auf der Basis der Leseerfahrungen der Lernenden kann ein erster Austausch stattfinden (s. Baustein 1, Notizen zur Lektüre).
In Partner- oder Gruppenarbeit können folgende Aufträge bearbeitet werden:

- ❒ *Stellen Sie anhand der Einleitung (S. 5, Z. 1 – Z. 17) Daten und Fakten zur Titelfigur zusammen.*
- ❒ *An zwei Stellen wird der sachliche Bericht durchbrochen. Welche Funktion könnte dieses haben?*

Die Ergebnisse können in folgendem Tafelbild festgehalten werden:

Michael Kohlhaas

Name:	Michael Kohlhaas
Beruf:	Rosshändler
Herkunft:	an den Ufern der Havel
Handlungsort:	Kohlhaasenbrück
Wirtschaftliche Lage:	wohlhabend
Familiäre Verhältnisse:	verheiratet, Kinder
Tugenden:	treu und zuverlässig, rechtschaffen

⇒ sachlicher Darstellungsstil, der jedoch durchbrochen wird

Im folgenden Unterrichtsschritt geht es darum, die Entwicklung des Streitfalls nachzuzeichnen, um Kohlhaas' Rechtsempfinden differenziert betrachten zu können.

Notizen

Die Situation des Bürgertums im 18. Jahrhundert

Die Schwierigkeit, den Begriff „bürgerlich“ für die gesellschaftlichen Verhältnisse Deutschlands im 18. Jahrhundert zu präzisieren, liegt in der gestörten Entwicklung des deutschen Bürgertums begründet. In Frankreich und England hatten die herrschenden Adelskreise die ökonomische Potenz der führenden Bürgerschichten früh erkannt und genutzt. In Deutschland verzögerten die Folgen des Dreißigjährigen Krieges die selbstständige Entfaltung bürgerlicher Initiativen. Allein in den privilegierten Handelsstädten konnten Kaufleute und Patrizier ihre wirtschaftliche Position stärken und kulturell untermauern. Die bürgerliche Bewegungsfreiheit blieb begrenzt, da es die deutschen Landesfürsten verstanden, die bürgerliche Intelligenz an lokale Verwaltungs- und Bildungsaufgaben zu binden. Bei diesen Voraussetzungen verbietet es sich, von einem einheitlichen bürgerlichen „Stand“ zu sprechen. Die Bezeichnung „mittlere Stände“ zeugt von der Unsicherheit, die gesellschaftlichen Schichten zwischen privilegiertem Adel und unterprivilegiertem „Volk“ deutlich zu erfassen. Einige Klarheit lässt sich gewinnen, wenn man versucht, die zu konstatierende Desintegration bürgerlicher Schichten funktional zu umschreiben. Die in den Residenz-, Garnisons-, Universitäts- und Handelsstädten dominierenden Vertreter des Bürgertums lassen sich nach ihrer Tätigkeit und ihren Berufstiteln differenzieren: Beamte der höfischen Verwaltung (Juristen und Kameralisten), Pastoren, Ärzte, Offiziere, Universitätsprofessoren und Magister, Schulmeister, Kaufleute, Bankiers und Manufakturbesitzer. Hinzuzurechnen sind unterhalb der Grenze bürgerlicher Honorität, aber teilweise zum Lesepublikum gehörig: Krämer, Handwerker und Dienstpersonal.

Die fehlende Einheit eines bürgerlichen Standes hat die Forschung – historisch durchaus berechtigt – durch die Rekonstruktion einer bürgerlichen Lebensform und Denkhaltung zu kompensieren versucht, zu der sich auch adlige Kreise bekannten. Das abhebbare „bürgerliche Menschenbild“, das durch moralische Qualitäten wie Aufrichtigkeit, Gelassenheit, Großmut, Redlichkeit und Fleiß charakterisiert wird, ist allerdings auf den Boden des bürgerlichen Utilitätsdenkens und Besitzanspruchs zu stellen. Die bürgerliche Interessengemeinschaft versteht sich als nützliches Miteinander tätiger Individuen: Die dem Einzelnen gewährte Freiheit des Erwerbs von Bildung und Besitz verpflichtet ihn, sich durch erfolgreiche Tätigkeit als nützliches Mitglied der Sozietät auszuweisen. Seine Individualität wird funktional begriffen, nach dem, was er leistet und produziert. Das gesellschaftliche Miteinander besteht auf ökonomischer Basis in der Koordinierung der Interessen. Staatsbürgerliche Verantwortung, die die eigene Leistung in Beziehung setzt zu notwendigen Initiativen in Staat und Gesellschaft, lag vorerst außerhalb des bürgerlichen Erfahrungs- und Interessenbereichs. Unter diesem Aspekt spricht man zu Recht von der „gesellschaftslosen Lage“ des deutschen Bürgertums im 18. Jahrhundert. Gebraucht man den Begriff „bürgerliche Gesellschaft“, so ist dieser allein als Summenformel zu begreifen, die durch Besitz und Bildung privilegierte Privatleute zusammenfasst. Die Wahrung bestimmter Interessen verbindet sich mit der Ausbildung adäquater Verhaltensnormen. Gemäß seinem privatistischen Selbstverständnis steht das deutsche Bürgertum in den Residenzen noch gegen Ende des 18. Jahrhunderts abseits der öffentlichen Institutionen und Rechtsbeziehungen, ohne realisierbaren politischen Machtanspruch.

Das aufstrebende, allein im Besitz autonome Bürgertum schafft sich ein System moralischer Werte, das die Widersprüche der Erwerbspraxis überdeckt und zugleich das Selbstbewusstsein gegenüber der religiösen Dogmatik und der fürstlichen Gewalt stärkt. Die *Vernunft* wird als sittliche Macht und als Garant bürgerlicher Ordnung begriffen. Das vorherrschende mechanistische Weltbild setzt die Kraft der Vernunft absolut und deduziert aus ihr die Regeln vernünftigen Handelns. Da das Vernunftdenken sich aus sich selbst legitimiert, ist es in der Lage, alle Erscheinungsformen des Lebens im strengen Systemzusammenhang zu begreifen und abweichende Phänomene als unvernünftig zu deklassieren. Mit der Reduktion der Wirklichkeit auf Kausalketten und Assoziationsreihen versperren sich die bürgerlichen Moralphilosophen nicht selten die Möglichkeit, bestimmte Faktoren im praktischen Leben als verändernde Kräfte zu erkennen und entsprechende Zielvorstellungen zu entwickeln. Mit den Geboten vernünftigen Handelns kommen die bürgerlichen

Wertvorstellungen überein, vorab die „ökonomischen“ Tugenden Fleiß, Sparsamkeit, Gewissenhaftigkeit und Pflichtbewusstsein, die den Bürger an die Effizienz seines Erwerbslebens gemahnen. Das Leben des Einzelnen steht unter dem Anspruch der *Vervollkommnung.* Die erzieherische Idee bildet das Zentrum der bürgerlichen Aufklärung. Die Ertüchtigung zu Amt und Geschäften wird durch praktische Erfahrung gewonnen. Die Lehrbücher fördern Kenntnisse und Urteilsfähigkeit über die schönen Künste, Wissenschaften und Fragen der Moral. Moralische Vollkommenheit ist für jeden erstrebenswert und erreichbar. Das Postulat natürlicher Gleichheit, das in der bürgerlichen Sphäre von Erwerb und Besitz so wenig einzulösen war wie im politischen Bereich, ließ sich als moralischer Habitus desto leichter erzeugen und zur Schau stellen.

Mit der Vervollkommnung seiner praktischen und moralischen Fähigkeiten erwirbt der Bürger ein „natürliches Recht“ auf *Glück und Erfolg.* Glück findet er im häuslichen Bereich der Familie, in der Geselligkeit des Freundeskreises, im Gefühl des sicheren Besitzes und der Erweiterung seines Wissens. Glückseligkeit wird im Rückzug auf den Privatbereich erfahrbar. Der gute Familienvater, nicht der Geschäftemacher und Eigentümer, übt sich in den bürgerlichen Tugenden. Dem entspricht das Bedürfnis, *Mitgefühl und Mitleid* gegenüber den Schwachen und Armen vorzuzeigen. Die Übervorteilung des Konkurrenten im Erwerbsleben wird ausgeglichen durch die Geste der Mildtätigkeit und Fürsorge. In diesem Verhalten glaubt sich der Bürger befreit vom Widerspruch zwischen individuellem Eigennutz und der moralischen Verpflichtung, zum Gemeinwohl beizutragen.

Die Rückständigkeit der Produktionsverhältnisse im Deutschland des 18. Jahrhunderts – im Unterschied etwa zu England bildeten die Manufakturisten und Kaufleute nicht die dominierende bürgerliche Schicht – trug dazu bei, dass die Ausbildung des bürgerlichen Selbstbewusstseins zu guten Teilen den Vertretern der schönen Künste und Wissenschaften vorbehalten blieb. Sie führten den Kampf gegen die kirchliche Orthodoxie und die fürstliche Willkür und propagierten im Namen der Leibniz-Wolff'schen Metaphysik das bürgerliche Moralsystem.

Aus: Klaus R. Scherpe: Werther und Wertherwirkung. Wiesbaden: Akademische Verlagsgesellschaft Athenaium 1975, S. 16–20

❐ *Überprüfen Sie Ihr Verständnis, indem Sie zehn Fragen formulieren, auf die der Text eine Antwort gibt. Tauschen Sie diese Fragen mit Ihrem Banknachbarn aus und formulieren Sie stichwortartig die entsprechenden Antworten.*

Reformpolitik in Preußen

Die ersten Ansätze zu einer **Reformierung des altständischen Feudalsystems** nach napoleonischem Vorbild finden sich aus nahe liegenden Gründen in den Staaten des Rheinbundes. Nach der Niederlage Preußens 1807 setzten sich Reformbestrebungen auch in den preußischen Gebieten durch. Sie sind zunächst mit dem Namen des Freiherrn vom Stein verknüpft, der als preußischer Verwaltungsjurist ein Reformpaket initiierte, das, nach seiner zweimaligen, auf Initiative Napoleons ausgesprochenen Entlassung, ab 1810 vom Staatskanzler Karl August von Hardenberg fortgeführt wurde. Es ist wichtig zu betonen, dass der Freiherr vom Stein, obwohl als „Jakobiner"[1] beschimpft, eine konservative Reformpolitik verfolgte, die nur so viel demokratische und liberale Modernisierung zuließ, dass die 1794 im *Allgemeinen Preußischen Landrecht (ALR)* noch einmal bestätigten Machtverhältnisse zugunsten des Adels nicht angetastet wurden. „Das Paradox des Gesetzeswerkes besteht darin, dass es im theoretischen Entwurf einer sich auflockernden sozialen Wirklichkeit weit vorauseilte, in der Durchführung aber diese Wirklichkeit durch eine Fülle von Bestimmungen kodifizierte, die dem geplanten Rechtszustand hinderlich waren, ja, ihm widersprachen."[2]

Die preußischen Gesetzgeber strebten unter dem unmittelbaren Einfluss der Französischen Revolution eine Synthese des aufgeklärten Absolutismus mit einer allerdings noch zu liberalisierenden Gesellschaft an. Getragen vom **Gedanken eines Gesellschaftsvertrages**, wie er sich in den philosophischen Diskursen des 18. Jahrhunderts verstärkt durchsetzte, schränkte das ALR die königliche Souveränität durch abstrakte Menschenrechte ein, die allerdings nicht konstitutionell verankert wurden. Ziel war nicht die Durchsetzung einer bürgerlichen Ordnung, sondern die rechtliche Fixierung altständischer Macht, die mit gerade so viel liberaler Programmatik durchsetzt wurde, dass die ständische Vorherrschaft des Adels nicht angetastet wurde. [...]

Träger der preußischen Reformpolitik war das leitende, juristisch ausgebildete Beamtentum, das neben dem Offizierskorps die einzige Körperschaft war, die die Einheit und Kontinuität des in jeder Hinsicht heterogenen preußischen Staates garantieren konnte. Die in der Regel juristisch ausgebildete Beamtenschaft rekrutierte sich überwiegend aus dem Bürgertum und dem kleineren und mittleren Adel zumeist außerhalb der höfischen Sphäre. Aus dem Kreis der Romantiker gehörten etliche dieser Gruppe juristischer Verwaltungsbeamter an. Neben Friedrich von Hardenberg (Novalis), Heinrich von Kleist und E. T. A. Hoffmann sind hier [...] Achim von Arnim, Joseph von Eichendorff [...] zu nennen [...].

Das Ziel der Reformpartei innerhalb der preußischen Verwaltung war es, „durch eine konsequente Beseitigung aller ständischen Schranken die Bedingungen für die Entfaltung einer freien Staatsbürgerschaft zu schaffen, deren einzige Gliederung die des Verdienstes nach Bildung und Besitz darstellen sollte. Die Reform wollte die Revolution auffangen und ihre soziale Bewegung in eine geplante Richtung weisen."[3] Diese Tendenz verstärkte sich in den Reformbestrebungen nach 1807. Alle Gesetze der Reformzeit haben planerischen Charakter, insofern sie ohne die Verbindlichkeit einer allgemeinen Verfassung erlassen wurden: „In Ermangelung einer parlamentarischen Verfassung war die Verwaltung genötigt, immer mehr zu sein als eine Verwaltung, nämlich der die Gesellschaft repräsentierende, politisch richtungsweisende Staatsträger [...]."[4]

Die militärische Niederlage Preußens im Jahr 1807 wurde gleichzeitig als Niederlage einer überkommenen feudalen Staatsform und als Sieg der revolutionären Errungenschaften Frankreichs gewertet. Die preußische Reformpolitik ab 1807 stand unter der zwiespältigen Perspektive, die überlegenen Maßnahmen des revolutionären und napoleonischen Frankreichs in Politik, Verwaltung, Militär, Ökonomie, Sozialem und Bildung zu übernehmen, ohne die bestehende feudale und absolutistische Macht und das sie tragende Recht anzulasten. Zwischen

[1] Jakobiner: radikale Republikaner der Franz. Revolution 1789, seit 1791 unter Leitung Robespierres
[2] Koselleck (1966), S. 56
[3] Koselleck (1966), S. 61
[4] Koselleck (1966), S. 83

Modernisierungen nach französischem Vorbild und einer entschiedenen Ablehnung der demokratischen Errungenschaften der Revolution geriet das preußische Reformwerk in eine Ambivalenz, die eine einheitliche Bewertung verhindert. [...]

Einer der Stützpfeiler der preußischen Reformpolitik war die funktionale **Umgestaltung der Verwaltung**. Sie wurde zum Garanten dafür, dass die übrigen Reformakte durchgeführt werden konnten. Ziel der Verwaltungsreform war eine genaue hierarchische und transparente Gliederung der Entscheidungs- und Machtkompetenzen von den kleinsten Einheiten bis in die bürokratische Spitze in Berlin. Die damit verbundene Mediatisierung und Verstaatlichung der Verwaltungsordnung, in der ständische Sonderrechte und regionale Privilegien aufgehoben werden sollten, traf auf den Widerstand konservativer, an der patriarchalischen Ordnung Preußens orientierter Kreise vor allem des Adels. In höchst widersprüchlicher Weise sind an dieser Opposition auch Heinrich von Kleist und seine *Berliner Abendblätter* oder die sogenannte Christliche Tischgesellschaft um Achim von Arnim beteiligt, widersprüchlich deshalb, weil in beiden Fällen die konservative Fixierung an der preußischen Patrimonialordnung durchaus mit einem reformerischen Bewusstsein und einem nationalen Widerstand gegen Napoleon und die französische Besatzung gekoppelt war. [...] In der Städteordnung von 1808 wurde die politische Selbstverwaltung der besitzenden Bürger geregelt, die ihren Magistrat selbst und unabhängig wählten. Kennzeichnend für die Verwaltungsreform ist, dass die Maßnahmen zur Steigerung der inneren Effektivität befördert wurden, die Ansätze zu einer politischen Demokratisierung jedoch in den Anfängen stecken blieben und nach 1815 massiv zurückgedrängt wurden.

Aus: Detlef Kremer: Romantik. Lehrbuch Germanistik, 2. Auflage, S. 11 (gekürzt).

❒ *Welche Umstände erforderten die Arbeit am Allgemeinen Landrecht? Nennen Sie Gründe für das Scheitern des Reformwerkes.*

Baustein 3

Die Entwicklung der Gewaltspirale
(S. 5, Z. 18 – S. 10, Z. 15)

Im Mittelpunkt dieses Bausteins steht das Rechtsbewusstsein Kohlhaas', das die Grundlage zum Verständnis seines Handelns bildet.
Es ergeben sich folgende Arbeitsschwerpunkte:

- die Situation am Schlagbaum
- Gespräch: Kohlhaas – Herse; Kohlhaas als Advokat
- Kohlhaas' Suche nach legalen Lösungsmöglichkeiten

Zu erarbeiten sind hier die einzelnen Aspekte, die im Gespräch zwischen Kohlhaas, dem Schlossvogt und dem Junker relevant werden. Gleichzeitig soll dabei die „innere Entwicklung" Kohlhaas' Berücksichtigung finden.
Die Erarbeitung kann auch in arbeitsteiliger Gruppenarbeit geschehen.

3.1 ❐ Die Situation am Schlagbaum

Ausgangspunkt des entstehenden Konflikts zwischen dem adligen Junker von Tronka und dem bürgerlichen Michael Kohlhaas ist die Situation am Schlagbaum.
Während der alte Herr, Wenzel von Tronkas Vorgänger, „seine Freude am Verkehr der Menschen hatte, Handel und Wandel forthalf, wo er nur vermochte" (S. 6, Z. 8 – 9), zeigt der junge Wenzel von Tronka entgegengesetztes Verhalten. Dem einstigen Anhänger eines ökonomischen Liberalismus tritt ein Vertreter des merkantilen Dirigismus des Absolutismus gegenüber.[1] In diesem Zusammenhang können die wirtschaftlichen Reformbestrebungen Preußens durch ein Schülerreferat vertieft und ergänzt werden. Darüber hinaus bietet sich hier ein fächerverbindender Unterricht mit den Fächern Geschichte und Sozialwissenschaften an. Material dazu bietet der Anhang des Modells (Zusatzmaterial 1, 2, 3).

Aufgrund eines angeblichen „landesherrlichen Privilegiums" errichtet der junge Wenzel von Tronka einen Schlagbaum, um Zölle erheben zu können. Den eingeforderten geringen Betrag bezahlt Kohlhaas dem Zollwärter. Dann verlangt der Schlossvogt einen Passschein, einen „landesherrlichen Erlaubnisschein" (S. 7, Z. 3f.). Die Notwendigkeit dieses Scheins erweist sich in Dresden zwar als Erfindung, doch benötigt Kohlhaas später für seine Reise aus Sachsen nach Brandenburg einen solchen Schein (vgl. S. 77, Z. 24ff.).

Über die wenig verständliche juristische Einsichtigkeit der Forderung eines Passscheins besteht in der Forschung Konsens: „Der dramaturgische Sinn des Passscheins ist aber klar: Er soll die Inpfandnahme der Pferde begründen [...]. Zwischen Delikt und Deliktsvorteil fehlt die plausible Verknüpfung"[2].

Obgleich Kohlhaas ziemlich schnell die Willkürhandlung des Schlossvogts durchschaut, sich auf sein Wegerecht beruft und schließlich durch dessen „ungesetzliche Erpressungen" (S. 7, Z. 19) Ärger empfindet, wendet er sich an den Junker – ohne Erfolg. Trotz seiner Bitte um eine Ausnahmeregelung, mit der Begründung, er wisse nichts über eine derartige Forderung, bleibt Kohlhaas erfolglos. Das Ansinnen, die Forderung des Schlossvogtes, die Pferde als Pfand zurückzulassen, empfindet Kohlhaas deshalb als eine so „unverschämte Forderung" (S. 9, Z. 32), dass er betont, der Kauf diene ihm zum Broterwerb.

---

1 An der Universität Königsberg hatte Kleist 1805 die Theorie von Adam Smith kennen gelernt. Smith (1723 – 1790), englischer Volkswirtschaftler, forderte Freihandel und freien Wettbewerb; s. dazu den Brief vom 10.02.1806 „Wiederherstellung der natürlichen Gewerbefreiheit" (Sembdner 2001), S. 763.

2 Bohnert (1988/89), S. 408. Er bezeichnet zudem das Verhalten von Schlossvogt und Junker als unklare „Konstruktion".

Unbeeindruckt und unmenschlich beharren Schlossvogt und Junker auf ihrer Forderung. Für die Inpfandnahme der Pferde fehlt jegliche vernünftige, juristische Absicht, sie ist „Ausdruck einer ungezielten, dem bloßen Vergnügen entsprungenen Absicht, mit den Gewerbetreibenden sich einen Feudaljux zu machen, herauszuspringen aus der Mittel-Zweck-Beziehung der anständigen Geschäftsleute, nur um sich zu beweisen, dass einem Adligen alles erlaubt sei, selbst das selige Vergnügen, ohne Geldvorteil Passscheine zu verlangen. Mit einem Wort reine Willkür, so willkürlich, dass sie das Kalkulierbare (mithin: nichtwillkürliche) des Ertrages verschmäht, um ganz sie selbst zu sein: absolute, lachende Zufälligkeit“[3]. Kohlhaas passiert schließlich die Grenze ohne Pass und ohne Pferde. Er wird nicht nur beschimpft, sondern auch ohne rechtliche Grundlage seines Handelsgutes beraubt.

Es sollte herausgestellt werden, dass es Kohlhaas in diesem Konflikt nicht vorrangig um die beiden Rappen geht, sondern darum, dass seine bürgerliche Existenz auf dem Spiel steht und darüber hinaus sein Gefühl für Gerechtigkeit eine Rolle spielt.
Die Situation am Schlagbaum sollte zunächst erarbeitet werden, wobei die Aktion der Adligen auf der einen Seite der Reaktion Kohlhaas' auf der anderen Seite gegenübersteht. Für die Erarbeitung eignet sich eine Gruppenarbeit. Die auf Plakaten entworfenen Strukturskizzen werden im Plenum vergleichend besprochen und im Kursraum aufgehängt, um bei Gelegenheit darauf zurückgreifen zu können. Die Lernenden erhalten folgenden Arbeitsauftrag:

❒ *Lesen Sie noch einmal die Seiten 5–10. Stellen Sie den Verlauf des Rechtsstreits in einer Strukturskizze dar.*

Die Skizze könnte folgendermaßen gestaltet werden:

Strukturskizze

Entwicklung des Rechtsstreits: Situation am Schlagbaum

Burgvogt/Junker von Tronka	Kohlhaas
Forderung von Wegzoll	Bezahlung an den Zollwärter
Forderung eines Passscheins durch Burgvogt und Junker als landesherrliche Erlaubnis	Betonung des Wegerechts und Unwissenheit über die Notwendigkeit eines Passscheins
	Aufforderung zum Kauf der Pferde
Ablehnung des Kaufs der Rappen	Versprechen den Pass zu lösen und Bitte um Ausnahmeregelung.
Forderung der Rappen als Pfand	Fügung unter die Gewalt
Pferde in schlechtem Zustand Herse verjagt Beleidigung durch den Junker	Rückkehr zur Tronkenburg
Handeln aus Willkür Ausspielen von Macht	betreten über die unverschämte Forderung Unwissenheit über Gesetzeslage („halb und halb ungewiss“) existenzielle Bedrohung

---

[3] Bohnert (1988/89), S. 408f.

Zur Vertiefung der bisherigen Arbeitsergebnisse und als Vorbereitung für die weitere Texterarbeitung ist folgende Aufgabe denkbar.

- *Schreiben Sie aus der Sicht Kohlhaas' einen Tagebucheintrag oder inneren Monolog über die Situation am Schlagbaum.*

Der Besprechung der Aufgabe könnte eine Ergebnissicherung folgen. Zu einem möglichen Tafelbild s. den Vorschlag „Kohlhaas Sichtweise'", S. 33.

3.2 Kohlhaas' kritische Prüfung der Lage am Schlagbaum (S. 9, Z. 31–S. 14, Z. 17)

Ausgehend von der Entwicklung des Rechtsstreits und der Situation am Schlagbaum sollen Kohlhaas' persönliche Beurteilung und Einschätzung der Situation auf der einen Seite und seine Reaktion auf die Umstände noch einmal herausgestellt werden.

Im Gefühl der Sicherheit ohne „ein bitteres Gefühl, als das der allgemeinen Not der Welt" (S. 10, Z. 30f.) kehrt Kohlhaas mit dem Passschein zur Tronkenburg zurück und händigt diesen dem Schlossvogt aus. Als Kohlhaas dann vom ungebührlichen Betragen seines Knechtes erfährt und den Stall betritt, um seine Pferde zu holen, ahnt er bereits Unheilvolles. Beim Anblick der Pferde zeigt er sich „auf das Äußerste entrüstet" (S. 11, Z. 17) und fragt nach den Gründen für diese Misshandlung. Er erfährt, dass seine Pferde bei der Feldarbeit eingesetzt worden sind, und „fluchte über diese schändliche und abgekartete Gewalttätigkeit" (S. 11, Z. 24/25). Doch im „Gefühl seiner Ohnmacht" (S. 11, Z. 25f.) verbirgt er seine Wut und will mit den misshandelten Pferden den Hof verlassen, als der Schlossvogt erscheint. Nach einer Beleidigung kann sich Kohlhaas nur schwer zurückhalten: „Dem Rosshändler schlug das Herz gegen den Wams. Es drängte ihn, den nichtswürdigen Dickwanst in den Kot zu werfen, und den Fuß auf sein kupfernes Antlitz zu setzen. Doch sein Rechtgefühl, das einer Goldwaage glich, wankte noch; er war, vor der Schranke seiner eigenen Brust, noch nicht gewiss, ob eine Schuld seinen Gegner drücke" (S. 12, Z. 12–18). Er fragt den Schlossvogt nach dem Vergehen seines Knechtes und den Grund für dessen Vertreibung. Während er noch überlegt, was zu tun sei, erfährt die ihm vom Schlossvogt zugefügte Beleidigung eine Steigerung, als der Junker mit seinen Rittern von der Jagd zurückkehrt. Auf dessen Frage nach den Vorkommnissen antwortet ihm der Vogt „unter der gehässigsten Entstellung der Sache" (S. 13, Z. 8/9).

Kohlhaas verlässt den Schlosshof ohne seine Pferde, in der Gewissheit, sich Recht zu verschaffen, und reitet nach Dresden. Unterwegs jedoch bewirkt ein „richtiges, mit der gebrechlichen Einrichtung der Welt schon bekanntes Gefühl" (S. 14, Z. 2f.), den Verlust der Pferde verschmerzen zu können, sofern der Knecht in irgendeiner Form schuldig sei. Gleichzeitig aber hört er unterwegs von den auf der Tronkenburg verübten Ungerechtigkeiten gegen Reisende und erlangt mehr und mehr Gewissheit über die willkürlichen Handlungen vonseiten des Junkers.

Anfangs zeigt sich Kohlhaas noch zu Zugeständnissen bereit, er „verbiss jedoch, im Gefühl seiner Ohnmacht, seinen Ingrimm, und machte schon, da doch nichts anderes übrig blieb, Anstalten, das Raubnest mit den Pferden nur wieder zu verlassen" (S. 11, Z. 25–28). Er hätte die Pferde auch in schlechtem Zustand mitgenommen. Empört ist Kohlhaas darüber, dass diese Pferde zur Feldarbeit herangezogen worden sind und sein Knecht Herse aus der Burg verjagt worden ist. Aber auch jetzt noch zeigt sich Kohlhaas beherrscht, offenbar deshalb, weil ihm die Wahrheit über den Vorfall auf der Burg noch nicht endgültig klar ist. Er „hätte den Wert der Pferde darum gegeben, wenn er den Knecht zur Hand gehabt, und dessen Aussage mit der Aussage dieses dickmäuligen Burgvogts hätte vergleichen können" (S. 12, Z. 28–31).

Eine Wende in seinem Verhalten tritt jedoch nach der Beleidigung durch den Junker Wenzel von Tronka ein. Er verlässt die Burg ohne die Pferde, entschlossen, „sich Recht zu verschaffen" (S. 13, Z. 28).

Die Schülerinnen und Schüler erhalten folgenden Arbeitsauftrag:

- *Ermitteln Sie die Haltung Kohlhaas' zu den Vorgängen am Schlagbaum.*

Als Ergebnissicherung wird folgende Tafelskizze vorgeschlagen:

Kohlhaas' Sichtweise

Er

- ist zwar „erbittert“ über die „ungesetzlichen Erpressungen“
- bietet die Rappen zum Verkauf, um den Konflikt aus der Welt zu schaffen
- lächelt (in Dresden) über die Geschichte mit dem Passschein und kehrt ohne ein „bitteres Gefühl“ zur Tronkenburg zurück
- ist bereit beim Anblick der Pferde noch „im Gefühl seiner Ohnmacht“ das Unrecht hinzunehmen und mit den Pferden zurückzukehren.

⇒ **Kohlhaas reagiert besonnen.**

Im Unterrichtsgespräch kann ergänzend folgender Arbeitsauftrag gestellt werden:

❒ *Markieren Sie den Wendepunkt in seinem Verhalten und ziehen Sie eine Verbindung zu den einleitenden Zeilen der Novelle (S. 5, Z. 1–17).*

In letzter Konsequenz geht es Kohlhaas nicht um die Zugrunderichtung der beiden Rappen, sondern um die Unverschämtheiten, die Willkürhandlungen und Ungerechtigkeiten des Junkers und des Schlossvogtes.
Sein Gerechtigkeitsempfinden bleibt, trotz schärfster Provokationen vonseiten der Ritter, ungestört. Aus diesem Grund kehrt er – bereits auf dem Weg nach Dresden, um dort die Rechtslage zu klären – „bei dem Gedanken an den Knecht, und an die Klage, die man auf der Burg gegen ihn führte“ (S. 13, Z. 31–32) nach Kohlhaasenbrück zurück, um seinen Knecht Herse zu verhören.

Bereits auf dem Weg hört er von den auf der Tronkenburg begangenen Willkürhandlungen und Ungerechtigkeiten und fühlt sich in seiner Meinung über die Ritter bestätigt. Das Verhör seines Knechts gibt ihm schließlich Gewissheit über die Machenschaften auf der Burg. Seiner Frau Lisbeth erklärt er, „wie er entschlossen sei, die öffentliche Gerechtigkeit für sich aufzufordern, und hatte die Freude, zu sehen, dass sie ihn, in diesem Vorsatz, aus voller Seele bestärkte. Denn sie sagte, dass noch mancher andre Reisende, vielleicht minder duldsam als er, über jene Burg ziehen würde; dass es ein Werk Gottes wäre, Unordnungen, gleich diesen, Einhalt zu tun“ (S. 19, Z. 27–33).
Bisher sollte deutlich geworden sein, dass sein Bemühen um Gerechtigkeit und Recht unter Zurückdrängung seiner Emotionen erfolgt ist. Obgleich er bereits ein sicheres Gespür für die Willkürhandlungen der Ritter hat, verschafft er sich noch letzte Gewissheit durch das Verhör Herses. Gleichzeitig sieht er die Notwendigkeit, den öffentlichen Rechtsweg zu beschreiten, um sein Recht zu erlangen.
Hier können abschließend die Punkte hervorgehoben werden, die den Ausschlag für das Einreichen einer Klage beim Gericht in Dresden gegeben haben. Diese Klage hätte er sicher nicht eingereicht, wenn er Herse in irgendeiner Weise für schuldig befunden hätte. Wenn dem Knecht eine „Art von Schuld beizumessen sei“ (S. 14, Z. 6f.), steht es für Kohlhaas außer Frage, „den Verlust der Pferde, als eine gerechte Folge davon, zu verschmerzen“ (S. 14, Z. 7–8).

Die Lernenden bekommen folgenden Arbeitsauftrag:

❒ *Stellen Sie die Punkte zusammen, die den Ausschlag für eine Klageerhebung in Dresden gegeben haben (Textausgabe S. 13–19).*

Das Ergebnis lässt sich in einem Resümee zusammenfassen:

Kohlhaas' Vorgehen zeigt die Ausprägung seiner Gewissenhaftigkeit in Bezug auf die Rechtslage, sodass sein weiteres Handeln zu diesem Zeitpunkt moralisch abgesichert erscheint.

3.3 ❐ Kohlhaas als Advokat

Zurück in Kohlhaasenbrück erfährt Kohlhaas durch seine Frau Lisbeth von den üblen Ereignissen auf der Tronkenburg, von der sein Knecht Herse verletzt verjagt worden ist. Um sich letzte Gewissheit über den tatsächlichen Verlauf auf der Burg zu verschaffen, unterzieht er Herse einem strengen Verhör; dabei übernimmt Kohlhaas die Rolle des Richters, während sich Herse als Angeklagter fühlen muss.
Vor dem Hintergrund der Wahrheitsfindung lässt sich die besondere Gesprächssituation als Verhör kennzeichnen.
Um den geringsten Zweifel am unrechten Verhalten des Junkers und Schlossvogtes auszuräumen, stellt Kohlhaas Suggestivfragen und versucht seinen Knecht in die Enge zu treiben. Vor einer konkreten Aufforderung an Herse, ein Geständnis abzulegen, scheut Kohlhaas nicht zurück. Herse jedoch, der durch eine Reihe von Zugeständnissen den Konflikt auf der Tronkenburg zu vermeiden gesucht hat, kann aufgrund seiner Wahrhaftigkeit und Ehrlichkeit Kohlhaas von seiner Unschuld überzeugen.
Für Kohlhaas steht daraufhin fest, dass das willkürliche Handeln der Ritter Konsequenzen für sein eigenes Handeln hat; gleichzeitig wird er in seiner Auffassung von mangelnder Gerechtigkeit im Staat bestätigt.
Das Verhör eröffnet Kohlhaas mit einer indikativisch formulierten direkten Frage: „Was hast du auf der Tronkenburg gemacht?" Herse beantwortet diese Frage nun nicht mit einer Darstellung der konkreten Fakten, sondern in Form eines *hysteron-proteron* (das Letzte zuerst), indem er gesteht, das „Raubnest" am liebsten in Brand gesetzt zu haben, und zwar als Reaktion auf eine ungerechtfertigte Handlung.
Der Leser erwartet an dieser Stelle eher einen Irrealis (Ich hätte am liebsten [...], habe es jedoch nicht, weil [...]) als die Darstellung einer inhaltlich emotional aufgeladenen Situation in Form einer sachlichen Präsentation im Erzähltempus. Die innere Beteiligung Kohlhaas' als auch Herses am Geschehen zeigt sich weniger in emotionalen Äußerungen als im Erzählerkommentar (S. 15, Z. 38; S. 16, Z. 9–10). Herse unterdrückt seine Emotionen zugunsten einer friedlichen Lösung auf der Tronkenburg und einer sachlichen Berichterstattung der Ereignisse gegenüber Kohlhaas. Auch hier haben emotionale sprachliche Äußerungen keinen Platz.
In seinem Verhalten erscheint Herse als das Spiegelbild seines Herrn. Gemeinsam ist beiden die Reaktion auf das Willkürverhalten: Herse verzichtet auf eine Brandlegung und hofft auf eine göttliche Gerechtigkeit (S. 15, Z. 30), Kohlhaas sichert Herse Gerechtigkeit zu und wird von seiner Frau auf das Walten einer höheren Gerechtigkeit verwiesen.
Beide verhalten sich außerordentlich rechtschaffen, pflichtgemäß und redlich, sind zu Zugeständnissen bereit und scheitern schließlich.
Kohlhaas' Hartnäckigkeit im Verhör lässt die Tugend „Gerechtigkeit" in besonderem Maße hervortreten. Auch hier sollte noch einmal auf die Eingangspassage verwiesen werden (S. 5, Z. 1–17).
Das Zusatzmaterial 4 dient als Kopiervorlage und kann im Rahmen der Dialoganalyse eingesetzt werden.
Zur Bearbeitung des Dialogs erhalten die Lernenden folgende Aufträge:

- ❐ *Untersuchen Sie den Dialog (S. 15–19) unter besonderer Berücksichtigung des Gesprächsverlaufs.*
- ❐ *Wie stellt sich die emotionale Beteiligung der Gesprächspartner im Verlauf des Verhörs dar? Zeigen Sie die Entwicklung auf.*
- ❐ *Vergleichen Sie die Handlungsweise und Einstellung Herses mit der von Kohlhaas.*

- ❒ *Stellen Sie den Dialog szenisch dar.*

Die folgenden Bearbeitungsaufträge, auch als Hausaufgabe möglich, sind alternativ gedacht:

- ❒ *Schreiben Sie einen Kommentar zu Kohlhaas' Rechtsempfinden.*
- ❒ *Schreiben Sie ein „(Gerichts-)Protokoll" dieses Verhörs.*

Exkurs

Das rechtswidrige Verhalten des Junkers und die Reaktion Kohlhaas' kann in Bezug auf das Allgemeine Landrecht durch ein Schülerreferat näher betrachtet werden. Material bieten der Textband (S. 130–131) und Zusatzmaterial 5.

Die unrechtmäßige Passscheinforderung und damit verbunden der Zeitverlust und der Aufwand, den Kohlhaas betreiben muss, um den Schein zu besorgen, sind schon rechtswidrige Schädigungen.[1] Darüber hinaus erweisen sich die Rappen als verdorben und der Knecht Herse schwer verletzt. Beides sind weitere rechtswidrige Schädigungen.
Die „Wiederherstellung der Pferde in den vorigen Stand" (S. 20, Z. 9) lehnt der Junker selbst ab. Kohlhaas dagegen fordert: „Ich will meine wohl genährten und gesunden Pferde wieder haben!" (S. 13, Z. 15/16)
Der nächste Schritt, sich durch eigene Gewalt Recht zu verschaffen, also „Selbsthülfe" zu üben, wie das „Allgemeine Landrecht" für Preußen 1794 formuliert, ist teils nicht möglich, teils nicht erlaubt. Gesundheitliche Wiederherstellung der Rappen lässt sich nicht eigenmächtig und sofort erreichen, Geldersatz hat erst recht Zeit.
Die damals wie heute einzige Begründung für Selbsthilfe, dass, wie das Allgemeine Landrecht sagt, „die Hülfe des Staates zur Abwendung eines unwiederbringlichen Schadens" zu spät kommen würde, greift nicht. Die Rappen ließen sich immer noch gesund pflegen, das Geld immer noch einklagen. Kohlhaas verhält sich also im Vertrauen darauf, „dass er sich Recht zu verschaffen wissen würde" (S. 13, Z. 28f.)[2], zunächst richtig, wie ein Staatsbürger in einem modernen Staat. Kleist nennt Kohlhaas auch einen „guten Staatsbürger" (S. 5, Z. 6/7) und wenig später einen „Mitbürger" (S. 14, Z. 17).

Die eigentlichen Schwierigkeiten, juristische und weitere, beginnen mit dem Versagen der sächsischen Justiz. Die evidenten Ansprüche Kohlhaas' werden nicht – wie es notwendig wäre – durch die Justiz unterstützt. Kohlhaas bekommt keine unmittelbare Antwort des Gerichts aus Dresden. Der Grund hierfür liegt eindeutig in Rechtsverweigerung.
Kohlhaas zielt schließlich bei seiner Forderung nach Recht nicht auf bloße finanzielle Entschädigung, auf eine Schiedsverhandlung oder Einigung, sondern auf „Rache". Damit überschreitet er den Rahmen des zur Wiederherstellung Notwendigen. Jede Aktion gegen Tronka ist vom Misserfolg Kohlhaas' begleitet und bedeutet zugleich einen Angriff auf die Justiz und den Staat, der die Schädigungen an Eigentum und Person duldet bzw. unterstützt. Kohlhaas agiert als Einzelner in dem Bewusstsein, auch für andere den Rechtsweg zu schützen (S. 14, Z. 13f.).
Die Lernenden erhalten folgenden Arbeitsauftrag:

- ❒ *Vergleichen Sie die Paragraphen des Preußischen Landrechts zur Selbsthilfe mit dem Verhalten Kohlhaas'.*

---

[1] vgl. Rückert (1988/89), S. 376f.
[2] s. noch Textausgabe S. 28, Z. 19; S. 29, Z. 13f.

3.4 ❒ Kohlhaas' Suche nach legalen Lösungsmöglichkeiten (2. Abschnitt: S. 19, Z. 25–S. 32, Z. 12)

Kohlhaas hat Vertrauen in die Rechtsordnung der beiden Staaten Sachsen und Brandenburg. Er erhebt Klage, weil „er mit seinen Kräften der Welt in der Pflicht verfallen sei, sich Genugtuung für die erlittene Kränkung, und Sicherheit für zukünftige (sc. Kränkungen) seinen Mitbürgern zu verschaffen" (S. 14, Z. 14–17).
In festem Vertrauen auf die Rechtspraxis reicht Kohlhaas beim Gericht in Dresden seine Klage ein. Jedesmal, nachdem er die Klage eingereicht hat, kehrt er beruhigt über den Ausgang nach Kohlhaasenbrück zurück. Die Möglichkeit eines illegalen Vorgehens der Justiz zieht er nicht in Betracht.
Umso prekärer wird die Situation für Kohlhaas, als sowohl in Sachsen wie auch in Brandenburg Rechtsverweigerung eintritt.
Kohlhaas versucht insgesamt dreimal auf legalem Weg zu seinem Recht zu kommen. Zunächst erhebt er Klage in Dresden mit dreifachem Ziel:

- gesetzmäßige Bestrafung des Junkers
- Wiederherstellung der Pferde in den vorherigen Stand
- Ersatz des Schadens, den sowohl er als auch sein Knecht Herse erlitten haben

Diese Bittschrift wird aufgrund von Vetternwirtschaft – zwei nahe Verwandte des Junkers bekleiden höchste Staatsämter am sächsischen Hof – abgelehnt.

Durch einen hohen brandenburgischen Beamten bietet sich für Kohlhaas nun eine andere Möglichkeit, zu seinem Recht zu gelangen. Dem Kurfürsten von Brandenburg wird durch den Stadthauptmann eine Bittschrift mit einer Darstellung des Vorfalls zugestellt. Da der mit dem Fall betraute Kanzler Kallheim beim Junker von Tronka Erkundigungen einzieht, bleibt auch dieser Versuch aufgrund verwandtschaftlicher Beziehungen erfolglos. Die Abweisung der Bittschrift ist verbunden mit einer persönlichen Beleidigung, „er sei, nach dem Bericht des Tribunals, in Dresden ein unnützer Querulant" (S. 24, Z. 6–7). Dieser Vorwurf lässt ihn vor Wut schäumen. Das Unrecht durch Wenzel von Tronka und die Rechtsverweigerung durch die adlige Cliquenwirtschaft erfährt Kohlhaas als Angriff auf seine Menschenwürde.
Der letzte legale Weg, sich in Brandenburg Recht zu verschaffen, besteht, im Vertrauen auf die Gerechtigkeit des Kurfürsten, in der Form einer persönlichen Überreichung der Bittschrift. Auch sie wird abgewiesen. Sowohl in Sachsen wie in Brandenburg wird die Rechtsprechung durch Vetternwirtschaft unterhöhlt. Gesellschaftspolitische Machtverhältnisse prägen die Strukturen.
In diesem Zusammenhang ist zu verweisen auf den Kontrast zwischen den Verhältnissen an den Höfen Sachsen und Brandenburg, der auch später noch von größerer Bedeutung sein wird.
Auf die Rechtsverweigerung durch die beiden Höfe reagiert Kohlhaas unterschiedlich: Auf die Verweigerung in Sachsen reagiert er mit einer Träne, die in Brandenburg raubt ihm jegliche Freude, die Bezeichnung als „unnützer Querulant" lässt ihn vor Wut schäumen.
Für Kohlhaas gibt es zwei Möglichkeiten, auf diese Situation zu reagieren, „um Ich und Welt wieder in Übereinstimmung zu bringen":

- Flucht in eine andere Welt
- Versuch, die gegebene zu verbessern

Kohlhaas entscheidet sich zunächst für die Auswanderung. Er verkauft den Meierhof, „weil ich in einem Lande, [...] in welchem man mich in meinen Rechten, nicht schützen will, nicht bleiben mag. Lieber ein Hund sein, wenn ich mit Füßen getreten werden soll, als ein Mensch!" (S. 28, Z. 4–8). Der gefasste Plan zur Auswanderung müsste realisiert werden. Alle Mittel des Rechtsweges sind ausgeschöpft. Durch den Tod Lisbeths ist der Plan zur Auswanderung jedoch hinfällig.
Die einzige Möglichkeit zur Wiederherstellung seiner gekränkten Menschenwürde ist die „Rache" an Junker Wenzel von Tronka, obwohl die sterbende Lisbeth ihn zu einer christ-

lichen Vergebung zu bewegen sucht. Kohlhaas' Entschluss steht jedoch fest: „so möge mir Gott nie vergeben, wie ich dem Junker vergebe" (S. 31, Z. 24/5).

Für den Zugriff auf diesen thematischen Aspekt bieten sich zwei Unterrichtsschwerpunkte an: Sicherung des Textverständnisses und die Erarbeitung der „inneren Entwicklung" Kohlhaas'.
Die Sicherung des Textverständnisses kann entweder durch die Schülerinnen und Schüler geschehen (s. dazu Strukturskizze „Anrufung der Instanzen", S. 53). Muss aus zeitökonomischen Gründen auf diese Erarbeitung verzichtet werden, kann die Strukturskizze als Übersicht ausgehändigt werden, um lektürebegleitend das Textverständnis zu erleichtern.

Folgender Auftrag wird vorgeschlagen:

- *Lesen Sie noch einmal die Seiten 19 – 32. Welche Instanzen bemüht Kohlhaas? Welche Reaktionen erfährt er?*

Für den zweiten Arbeitsschwerpunkt kann Arbeitsblatt 4 (S. 38) zur individuellen Bearbeitung herangezogen werden. Für die Arbeit mit dem Arbeitsblatt gilt folgender Auftrag:

- *Lesen Sie noch einmal die Seiten 19 – 32. Zeichnen Sie Kohlhaas' Weg zur Rache nach, indem Sie die von ihm angerufenen öffentlichen Instanzen in die Grafik eintragen. Berücksichtigen Sie dabei seine „innere Entwicklung".*

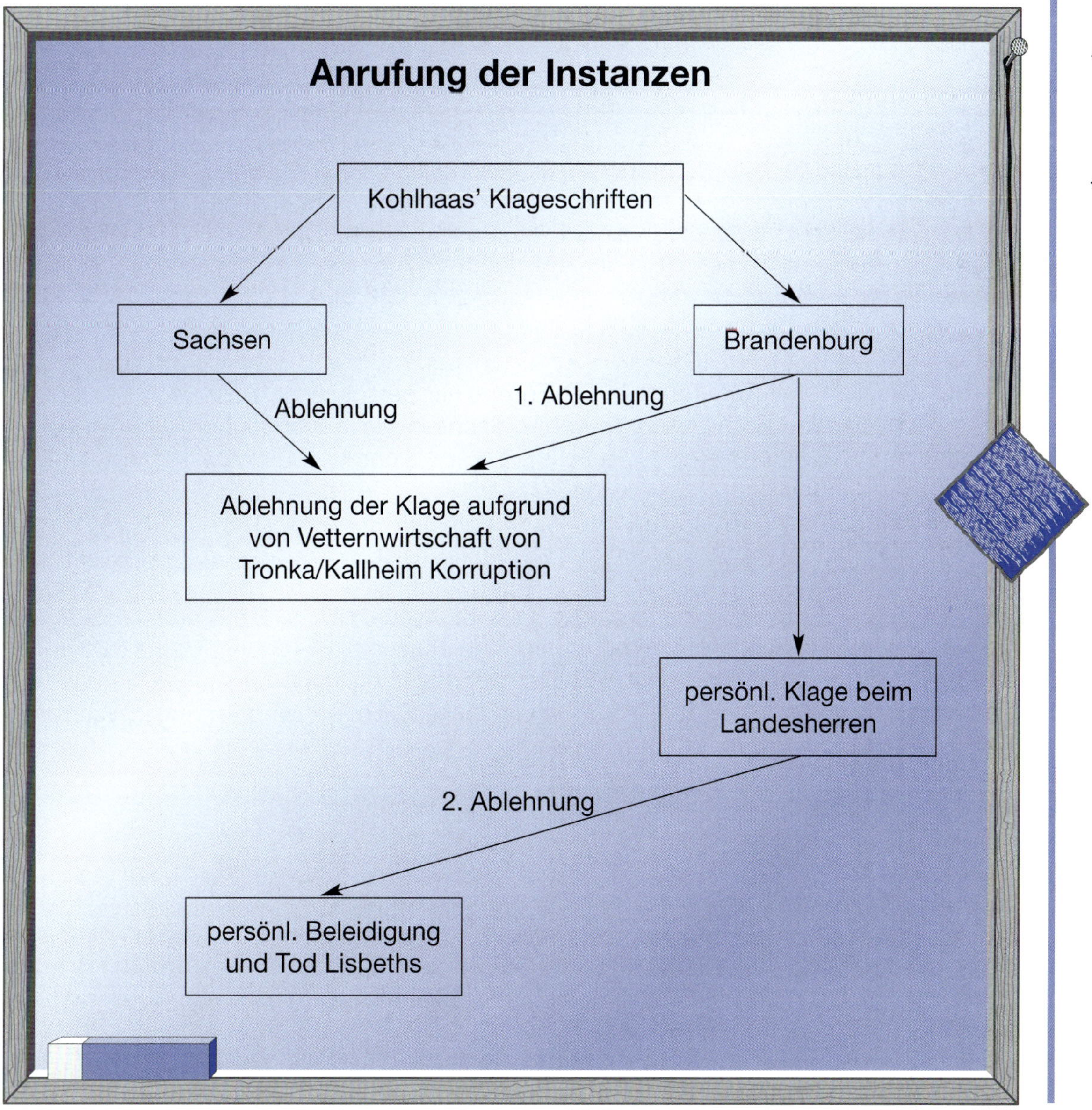

Kohlhaas' Weg zur Rache

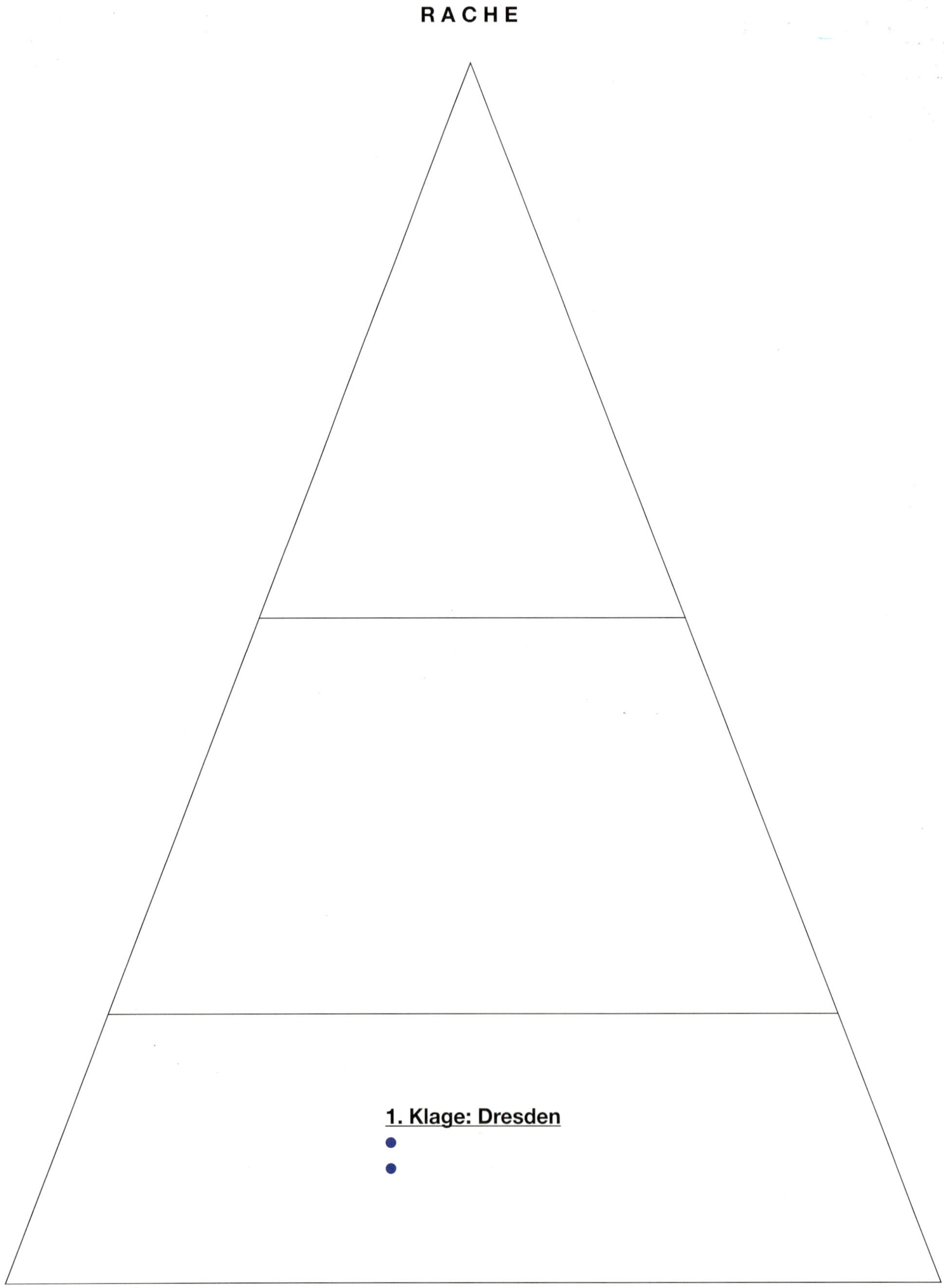

S. 16 - 28

❐ *Zeichnen Sie Kohlhaas' Weg zur Rache nach, indem Sie die von ihm angerufenen öffentlichen Instanzen in die Grafik eintragen. Berücksichtigen Sie dabei seine „innere Entwicklung".*

Kohlhaas' Weg zur Rache
(Lösungsvorschlag)

RACHE

Tod Lisbeths

3. Klage: Brandenburg
- Einreichen der persönlichen Bittschrift
- Vertrauen in die Gerechtigkeit des Kurfürsten (S. 28, Z. 16f.)
- Kohlhaas erhofft Gerechtigkeit und eine fröhliche Rückkehr (S. 28, Z. 19f.)
- Er ist gleichzeitig auf eine Ablehnung gefasst

WANDLUNG
(S. 23, Z. 36 – S. 24, Z. 31)
Verkauf des Hofes und innere Unzufriedenheit

2. Klage: Brandenburg
- Kohlhaas ist beruhigter über den Ausgang [...] als je (S. 23, Z. 9f.)
- Er ist „lebhaft erfreut“ über die Hilfe (S. 23, Z. 2)

1. Klage: Dresden
- Ablehnung der Bittschrift, „eine Träne“ wegen dieser Ungerechtigkeit (S. 22, Z. 13)
- Kohlhaas ist beruhigt über den Ausgang (S. 20, Z. 28f.)

❐ *Zeichnen Sie Kohlhaas' Weg zur Rache nach, indem Sie die von ihm angerufenen öffentlichen Instanzen in die Grafik eintragen. Berücksichtigen Sie dabei seine „innere Entwicklung“.*

Baustein 4

Selbstjustiz zur Durchsetzung des Rechtsstandpunktes

(S. 33, Z. 12–S. 45, Z. 27) S. 28 Z. 5 – S. 40 Z. 25

Der Rachefeldzug Kohlhaas' durch Sachsen erfolgt in Etappen: Tronkenburg (S. 33, Z. 1ff.), Erlabrunn (S. 35, Z. 16ff.), Wittenberg (S. 37, Z. 36ff.), Leipzig (S. 44, Z. 8ff.).

Ein erstes Unterrichtsgespräch über die Leseeindrücke sollte gleichzeitig dazu dienen, dass die Schülerinnen und Schüler sich Orientierung verschaffen über die Gliederung des Abschnittes und den Inhalt der einzelnen Textteile.

Der Schwerpunkt der im Folgenden vorgeschlagenen Vorgehensweise liegt auf der Frage nach der rechtlichen Grundlage der Handlungsweise von Kohlhaas.

4.1 ❐ Kohlhaas' Rachefeldzug

Kohlhaas stellt „kraft der ihm angeborenen Macht" (S. 32, Z. 14f.) dem Junker von Tronka ein Ultimatum von drei Tagen, die Rappen nach Kohlhaasenbrück zu führen und selber dick zu füttern. Nach Ablauf dieser Frist reitet er – der Junker ist jegliche Antwort schuldig geblieben – mit Herse und anderen Knechten zur Tronkenburg. Wutentbrannt fällt er in die Burg ein, überwältigt die Ritter, tötet Schlossvogt und Verwalter. Kohlhaas zündet auf der Suche nach dem Junker Burg und Kapelle an. Da dem Junker die Flucht gelungen ist, hat Herse Auskunft über dessen Verbleib eingeholt. Seine Tante im „Fräuleinstift, namens Erlabrunn" (S. 35, Z. 17) soll ihn aufgenommen haben.
Bevor Kohlhaas nach Erlabrunn aufbricht, verfasst er ein „Kohlhaasisches Mandat", in dem er jeden Bewohner auffordert, den Junker an ihn auszuliefern (S. 35, Z. 25f.).
In Erlabrunn verhindert „ein ungeheurer Wetterschlag, dicht neben ihm" (S. 37, Z. 17f.) die Verwüstung des Stifts. Da die Äbtissin glaubhaft versichern kann, das Mandat erst nach der Abreise des Junkers erhalten zu haben, und als neuen Aufenthaltsort des Junkers „Wittenberg" nennt, kann sich Kohlhaas wieder beruhigen. Außerdem löst „ein plötzlich auftretender Regenguss [...] den Schmerz in seiner unglücklichen Brust" (S. 37, 29f.). Er begibt sich nach Wittenberg und verfasst ein zweites Mandat. Hierin fordert er „jeden guten Christen" auf, den Junker von Tronka als den „Feind aller Christen" zu ergreifen (S. 38, Z. 1f.).
In seinem dritten Mandat, das er kurze Zeit später formuliert, nennt Kohlhaas sich „einen Reichs- und Weltfreien, Gott allein unterworfenen Herrn" (S. 38, Z. 8f.). Damit stellt er sich ausdrücklich außerhalb der Rechtsordnung Sachsens und Brandenburgs und auch des Heiligen Römischen Reichs Deutscher Nation.
Er erkennt die Gesetze nicht mehr an, sondern schafft seine eigenen „kraft der ihm angeborenen Macht" (S. 32, Z. 14). An mehreren Stellen zugleich steckt er Wittenberg in Brand und klebt dabei ein „Blatt an den Türpfeiler einer Kirche", auf dem er sich zu seiner Tat bekennt.
Erfolgreich kann er sich gegen die ausgesandten Angreifer verteidigen und steckt schließlich Leipzig „an drei Seiten in Brand" (S. 44, Z. 10). In einem erneuten Mandat, das er bei dieser Gelegenheit verfasst hat, nennt er sich „einen Statthalter Michaels, des Erzengels, der gekommen sei, an allen, die in dieser Streitsache des Junkers Partei ergreifen würden, mit Feuer und Schwert, die Arglist, in welcher die ganze Welt versunken sei, zu bestrafen" (S. 44, Z. 12f.). Die gänzliche Einäscherung Leipzigs wird durch anhaltenden Regen verhindert. Kohlhaas findet auch hier den Junker von Tronka nicht, sondern erfährt von dessen Aufenthalt in Dresden.
Er beruft sich in Bezug auf sein Handeln nicht auf geltendes positives Recht – wie etwa das Fehderecht vor dem Ewigen Landfrieden oder die fehderechtlichen Regelungen der

Carolina (vgl. Textausgabe S. 147f.). Er sieht sich vielmehr durch das Naturrecht legitimiert, das er Luther gegenüber anführt, wenn er argumentiert, er sei aus der Gemeinschaft des Staates „verstoßen" (S. 49, Z. 26f.).
Auf der Basis dieses Naturrechts begründet er seine „provisorische Weltregierung" (S. 44, Z. 21f.), deren Aufgabe die „Errichtung einer besseren Ordnung der Dinge" (S. 44, Z. 18f.) sein soll.
Der Rachefeldzug hat die Funktion, anstelle der Flucht eine Veränderung der gesellschaftspolitischen Verhältnisse herbeizuführen. Aber diese Alternative ist zweischneidig, wie Kohlhaas' Berufung auf die „Wilden der Einöde" (S. 49, Z. 33) zeigt. An anderer Stelle wird vom „Gesindel" gesprochen, das sich durch „den Klang seines Geldes und Aussicht auf Beute" (S. 38, Z. 10f.) an die Seite Kohlhaas' stellt.
Zunächst jedoch beginnt sein Rachefeldzug mit einem Rückfall in die Barbarei.

Funktion: Veränderg. d. gesellschaftspol. Verhältnisse

Zur Bearbeitung bietet sich folgender Auftrag an:

- *Nennen Sie die Stationen, an denen die Gewalt eskaliert, und zeigen Sie, wie Kohlhaas seine Rolle versteht (S. 32, Z. 12 – S. 45, Z. 27).*
- *Wie bewerten Sie sein Verhalten?*

Zur Sicherung der Ergebnisse kann eine Tafel- oder Folienskizze erstellt werden.

Stationen der Gewalt	**Kohlhaas' Rollenverständnis**
AUSGANGSPUNKT →	Unordnung herrscht in der Welt
Tronkenburg: Wenzel entkommt	Kohlhaas verdammt den Junker kraft der ihm angeborenen Macht.
→	„Kohlhaasisches Mandat": Forderung der Auslieferung des Junkers
Kloster Erlabrunn	Verschonung des Klosters wegen Unwetter;
→	Erlass weiterer Mandate
Wittenberg	Aufruhr gegen den Junker in der Stadt; Kohlhaas fühlt sich „Gott allein unterworfen"
Leipzig	Statthalter des Erzengels Michael; Errichtung einer „provisorischen Weltregierung"
	↓
	Hybris, Realitätsferne Kohlhaas bewegt sich außerhalb der Rechtsordnung. Feind ist nicht mehr der Junker, sondern die gesamte Gesellschaft
ZIEL →	Wiederherstellung der Ordnung in der Welt

4.2 ❐ Selbsterhöhung und biblische Reminiszenzen

Aufgrund des Teilergebnisses zum Rollenverständnis Kohlhaas' können die Bibelreminiszenzen, die in diesem Zusammenhang evident sind, vorgestellt werden.
Entlassen aus dem Schutz der Gesetze und aus der Gesellschaft „verstoßen", reagiert Kohlhaas auf die Verachtung von Adel und Staat mit der Erhöhung seiner eigenen Person. Damit macht er sich zum allgemeinen Herrscher.
Er versetzt sich in die Position eines von Gott gesandten Racheengels und bezeichnet sich als „einen Statthalter Michaels, des Erzengels, der gekommen sei, an allen, die in dieser Streitsache des Junkers Partei ergreifen würden, mit Feuer und Schwert, die Arglist, in welcher die ganze Welt versunken sei, zu bestrafen" (S. 44, Z. 12f.).
Kohlhaas erhöht sich in apokalyptischer Perspektive (Anspielung auf die Offenbarung). Dem Volk erscheint er als „Würgeengel" (S. 59, Z. 16) und als „Drachen, der das Land verwüstete" (S. 40, Z. 1–2). Auch Luther will Kohlhaas nicht in seiner Nähe wissen, wenn es heißt: „weiche fern hinweg!" (S. 48, Z. 31). Beim Angriff auf die Tronkenburg wird Kohlhaas als „Engel des Gerichts" (S. 33, Z. 13) bezeichnet, der vom Himmel herabkommt. Er ruft die Knechte zusammen, „sieben an der Zahl" (S. 33, Z. 1). Seit seinem letzten Mandat tritt er gleichsam wie der Erzengel Michael auf: „ein großes Cherubsschwert, auf einem rotledernen Kissen, mit Quasten von Gold verziert, wird ihm vorangetragen, und zwölf Knechte, mit brennenden Fackeln, folgten ihm (S. 47, Z. 20–23).
Die Selbsterhöhung Kohlhaas' ist leicht nachzuvollziehen. In vergleichbarer Weise mit der apokalyptischen Darstellung in der Offenbarung, aber auch mit der zehnten Plage, die Gott dem Volk der Ägypter schickt um sein Volk zu retten, wütet Kohlhaas und es entsteht ein Szenarium des Weltuntergangs. Als „Statthalter Michaels" bekämpft er das gegen ihn verübte Unrecht, wie der Erzengel als Anführer der Engelheere gegen den Satan kämpft.
Gleichzeitig aber wird die Zweifelhaftigkeit dieser Selbsterhöhung deutlich.
Kohlhaas ist eben kein omnipotenter Herrscher, sondern eingebunden in die Gesetze des Staates.
Biblische Anspielungen haben die Funktion, Kohlhaas in eine gottähnliche Position zu bringen, andererseits weisen sie auf die Ambiguität dieser Selbsterhöhung hin.
Hierzu bietet sich ein Schülerreferat an. Denkbar wäre auch eine Verlagerung der Aufgabe in die häusliche Arbeit oder eine Bearbeitung der Thematik in Form von Gruppenarbeit.

Arbeitsblatt 5 (S. 43) soll das Auffinden der entsprechenden Textstellen erleichtern, wobei die Auswahl der Stellen nur exemplarisch erfolgen kann. Sie erhebt keinen Anspruch auf Vollständigkeit.

Notizen

Bibelreminiszenzen

Baustein 4

Arbeitsblatt 5

- ❒ *Stellen Sie den biblischen Anspielungen auf den Seiten 33–48 der Textausgabe Bibelzitate gegenüber und werten Sie diese für das Rollenverständnis Kohlhaas' aus.*
- ❒ *Welche Intention mag Kleist damit verfolgt haben?*

Bibelstellen: Dan. 11,23; Off. 15,5ff.; Off. 8,2; Off. 15,1f.; Off.12,3ff.; 2. Mose 11,6; 1. Mose 3,24; Off. 21,12; Math. 16,23; Math. 7,23.

Bibelzitat	Textstelle aus der Novelle

Bibelreminiszenzen
(Lösung)

Bibelstellen: Dan. 11,23; Off. 15,5ff.; Off. 8,2; Off. 15,1f.; Off. 12,3ff.; 2. Mose 11,6f.; 1. Mose 3,24; Off. 21,12f.; Math. 16,23; Math. 7,23

Bibelzitat	Textstelle aus der Novelle
Dan. 11,23: Über den Kampf um die Macht heißt es: „Denn nachdem er sich mit ihm angefreundet hat, wird er listig handeln und heraufziehen und mit wenigen Leuten Macht gewinnen."	S. 28 Z. 25f. **~~S. 33, Z. 1f.~~:** „Kohlhaas rief bei Anbruch der Nacht [...] die übrigen Knechte zusammen, sieben an der Zahl [...]. Er fiel auch, mit diesem kleinen Haufen [...] in die Burg [...]"
Off. 15,5ff.: „es wurde aufgetan der Tempel, die Stiftshütte im Himmel, und aus dem Tempel kamen die sieben Engel, die die sieben Plagen hatten [...]"	S. 29 Z. 2f **~~S. 33, Z. 13~~:** „Der Engel des Gerichts fährt also vom Himmel herab." S. 30 Z. 32 **S. 35, Z. 8:** [...] Kohlhaas und seine sieben Knechte
Off. 8,2: „Und ich sah die sieben Engel, die vor Gott stehen, und ihnen wurden sieben Posaunen gegeben."	
Off. 15,1f.: Und ich sah ein anderes Zeichen am Himmel, das war groß und wunderbar: sieben Engel, die hatten die letzten sieben Plagen; denn mit ihnen ist vollendet der Zorn Gottes."	S. 33 Z. 26f. **S. 38, Z. 7f.:** Kohlhaas sieht sich als „einen Reichs- und Weltfreien", Gott allein unterworfenen Herrn.
Off. 12,3ff.: „[...] und siehe, ein großer, roter Drache, der hatte sieben Häupter [...]. Und es entbrannte ein Kampf im Himmel: Michael und seine Engel kämpften gegen den Drachen. Und der Drache kämpfte [...]"	S. 35 Z. 18 S. 53 Z. 35f. **S. 40, Z. 1f.; S. 59, Z. 16:** Das Volk bezeichnet Kohlhaas als „Drachen, der das Land verwüstet" und als „Würgeengel".
2. Mose 11,6f.: „Gott schickt die zehnte Plage: Um Mitternacht will ich durch Ägyptenland gehen und alle Erstgeburt [...] soll sterben, vom ersten Sohn des Pharao [...] bis zum ersten Sohn der Magd [...]"	S. 34 Z. 13f. **S. 38, Z. 35ff.:** Kohlhaas plakatiert: Er habe die Stadt in Brand gesteckt und werde hinter keiner Wand zu sehen brauchen, um den Junker zu finden.
1. Mose 3,24: „Und er trieb den Menschen hinaus und ließ lagern vor dem Garten Eden die Cherubim mit dem flammenden, blitzenden Schwert, zu bewachen den Weg zu dem Baum des Lebens. "	S. 39 Z. 36f. **~~S. 44, Z. 12f.~~:** Kohlhaas nennt sich einen Statthalter Michaels, des Erzengels, der gekommen sei, an allen, die in dieser Streitsache des Junkers Partei ergreifen würden, mit Feuer und Schwert, die Arglist, in welcher die ganze Welt versunken sei, zu bestrafen."
Off. 21,12f.: „sie (sc. die neue Stadt) hatte eine große und hohe Mauer und hatte zwölf Tore und auf den Toren zwölf Engel und Namen darauf geschrieben [...]"	S. 42 Z. 12f. **~~S. 47, Z. 20~~:** Kohlhaas erscheint in folgendem Aufzug: „ein großes Cherubsschwert, auf einem rotledernen Kissen, mit Quasten von Gold verziert, ward ihm vorangetragen, und zwölf Knechte, mit brennenden Fackeln folgten ihm."
Math. 16,23: „Er aber wandte sich um und sprach zu Petrus: Geh weg von mir, Satan! Du bist mir ein Ärgernis; denn du meinst nicht, was göttlich ist, sondern was menschlich ist!"	S. 43 Z. 21f. **~~S. 48, Z. 31~~:** Luther ist unwillig, Kohlhaas zu empfangen, und sagt: „weiche fern hinweg! [...] dein Odem ist Pest und deine Nähe Verderben!"
Math. 7,23: „Dann werde ich ihnen bekennen: Ich habe euch noch nie gekannt; weicht von mir, ihr Übeltäter."	

Baustein 5 Individuum und Staat

Inhaltlich geht es im Folgenden schwerpunktmäßig um die Frage nach dem Verhältnis von Individuum und Staat und damit nach der Rechtsauffassung Kohlhaas'.
Kohlhaas vertritt eine bestimmte Auffassung von den Aufgaben des Staates. Umgekehrt sieht er auch, dass den Bürgern nicht nur Rechte zustehen, sondern auch Pflichten ihrerseits eingefordert werden. So sagt ihm sein „vortreffliches Gefühl" (S. 14, Z. 9), dass „er mit seinen Kräften der Welt in der Pflicht verfallen sei, sich Genugtuung für die erlittene Kränkung" (S. 14, Z. 14) zu verschaffen.
Die Wiederherstellung von Gerechtigkeit glaubt er durch den Kurfürsten in Sachsen zu erlangen, er wird jedoch in seiner Erwartung enttäuscht, fasst den Plan zur Rache und zum Verfassen eines rechtlichen Gutachtens „kraft der ihm angeborenen Macht" (S. 32, Z. 14).

5.1 ❐ Kohlhaas in Wittenberg

Gerade an dem Punkt, an dem Kohlhaas wahnhaft sein Recht verfolgt, verfasst Martin Luther ein Plakat, um „den Kohlhaas, durch die Kraft beschwichtigender Worte, von dem Ansehen, das ihm seine Stellung in der Welt gab, unterstützt, in den Damm der menschlichen Ordnung zurückzukehren" (S. 45, Z. 29/30).
Beim Lesen des Plakats steigt eine „dunkle Röte" (S. 48, Z. 1) in sein, Kohlhaas', Gesicht, und entrüstet über die Ungerechtigkeit, deren er von dem „teuersten und verehrungswürdigsten Namen, den er kannte" (S. 47, Z. 34–35), bezichtigt wird, bricht er sofort in Verkleidung nach Wittenberg auf, mit dem Ziel, die Anklage Luthers zu widerlegen.

Zur Bearbeitung der Argumentation sollten sich die Schülerinnen und Schüler zunächst den Inhalt des Plakates vergegenwärtigen. Sie erhalten folgenden Arbeitsauftrag:

❐ *Lesen Sie noch einmal die Seite 46 und fassen Sie stichpunktartig den Inhalt des Plakats, das Luther aufhängt, zusammen.*

Die Ergebnisse sollten als Grundlage für die weitere Bearbeitung des thematischen Schwerpunktes des Dialogs genutzt werden.
Die Ergebnissicherung könnte folgendermaßen gestaltet werden:

Luthers Aufruf an Kohlhaas

- Vorwurf der Vermessenheit und stockblinder Leidenschaft
- Bezeichnung des Streitgegenstandes als nichtiges Gut
- Appell an die Untertänigkeit eines jeden Bürgers
- Verweis auf jüngstes Gericht
- Kohlhaas' Bemühungen um Recht werden als leichtfertige Versuche bezeichnet – Vorwurf mangelnden Bemühens
- Betonung der Notwendigkeit einer direkten Kontaktaufnahme mit dem Landesherrn von Sachsen
- Hinweis auf die Unkenntnis des Landesherrn von Sachsen in dieser Sache
- Vorwurf des Raubes und der Mordlust
- Bezeichnung als Rebell, kein Krieger des gerechten Gottes

⇓

Diffamierung Kohlhaas' vom theologischen und staatsbürgerlichen Standpunkt aus

Kohlhaas erzwingt sich sein Recht auf Anhörung bei Luther (S. 48–49).

Bevor der Dialog im Einzelnen untersucht wird, sollten die Schülerinnen und Schüler die Gesprächssituation nachvollziehen. Dies kann zunächst in Form von Standbildern geschehen:

- *Lesen Sie noch einmal das Gespräch zwischen Luther und Kohlhaas (S. 48, Z. 20–S. 53, Z. 18) und stellen Sie in einem Standbild das Verhältnis zwischen Luther und Kohlhaas dar.*

Die Auswertung der einzelnen Bilder soll die Grundlage für die Analyse dieses Gesprächs bilden. Alternativ kann dieses Gespräch zwischen Luther und Kohlhaas auch szenisch dargestellt werden. Auch hier bietet das anschließend auswertende Unterrichtsgespräch Möglichkeiten zur gezielten Weiterarbeit. Es sollte herausgestellt werden, dass sich Luther während des gesamten Gesprächs in der superioren Position befindet und damit die Zielrichtung angibt.
Das Verhalten Luthers und seine Reaktion auf das Anliegen und den Besuch Kohlhaas' ist alles andere als freundlich. Luther reagiert eher ablehnend, „mit einem verdrießlichen Gesicht, warf [er] die Papiere, die auf seinem Tisch lagen, übereinander, und schwieg" (S. 50, Z. 13f.). Luther versucht als Vermittler „eine gerechte Lösung" herbeizuführen. Als Gegner eines Widerstandsrechts ist er prädestiniert, vermittelnd gerade den Gegenstandpunkt zu vertreten, damit in Zukunft das Recht und nicht das Unrecht Wirklichkeit werde. Sein Vorschlag entspricht dem Anspruch der Allgemeinheit und dem Anliegen der Parteien, soweit sie berechtigt sind. Der Dialog zwischen Luther und Kohlhaas über die Frage, ob es nicht einen pragmatisch klügeren Weg gegeben hätte, macht überdies deutlich, „dass Kohlhaas erst durch zufällige Verwicklungen in eine Situation geraten ist, in der er keinen anderen Ausweg sah, als zu kämpfen".[1]

Weiterführend erhalten die Schülerinnen und Schüler folgenden Arbeitsauftrag:

- *Stellen Sie den Gesprächsverlauf zwischen Kohlhaas und Luther dar.*
  Erarbeiten Sie dabei die jeweiligen Zielvorstellungen, Grundpositionen, Argumente.
- *Überprüfen Sie aufgrund Ihrer Lesekenntnis die Argumentation Luthers und nehmen Sie dazu Stellung.*

Die Erarbeitung kann in Gruppen geschehen. Auf jeden Fall sollten die Ergebnisse schriftlich fixiert werden (Folie), um zu einem späteren Zeitpunkt darauf zurückgreifen zu können.

Das Anliegen und die Argumentation Luthers und Kohlhaas' sind dem Leser grundsätzlich bekannt. Überprüft man jedoch die Argumente Luthers, so kann man einerseits ihm selbst Unkenntnis im Fall Kohlhaas unterstellen und seine Argumente eher als ideologisch, denn als realitätsnah bezeichnen.

Ergänzend kann durch ein Schülerreferat die Argumentation Luthers mit der „Stellungnahme Luthers zu den Bauernaufständen" (Zusatzmaterial 6) verglichen werden.

Kohlhaas eröffnet das Gespräch mit dem Wunsch bzw. der Bitte nach freiem Geleit, um erneut eine Klage beim Gericht in Dresden einzureichen. Luther weicht diesem Anliegen zunächst aus und stellt die Frage nach der Rechtmäßigkeit des Überfalls auf die Tronkenburg. Kohlhaas trägt daraufhin seine – dem Leser bekannte – Begründung vor. Er sieht sich getäuscht und fühlt sich, weil ihm der Schutz der Gesetze versagt worden ist, aus der Gemeinschaft der Menschen verstoßen (vgl. S. 49, Z. 18f.). Die Schuld für sein Handeln sieht er aufseiten des Staates. Der Schutz durch die Gesetze bedeutet für Kohlhaas eine existenzielle Notwendigkeit (vgl. S. 49, Z. 28f.).
Auf diese Argumentation antwortet Luther „ideologisch im Sinne des absolutistischen Gottesgnadentums"[2], indem er Kohlhaas das Recht abspricht, den Kurfürsten für das Versagen seiner Administration verantwortlich zu machen: „wer anders als Gott darf ihn wegen der Wahl solcher Diener zur Rechenschaft ziehen, und bist du, gottverdammter und ent-

---
[1] Frommel (1988/89), S. 371
[2] Fischer-Lichte (1991), S. 38

setzlicher Mensch, befugt, ihn deshalb zu richten?" (S. 50, Z. 3f.). Kohlhaas' Argument weist Luther ohne Diskussion zurück.
Dass Luther wenig – so gut wie nichts – über Details des Falles weiß, zeigt seine Betonung der Nichtigkeit des Streitgrundes (s. auch Plakat).
Kohlhaas selbst, und das weiß der Leser, hat alle Mittel des Rechtsweges ausgeschöpft, somit wird Luthers Vorwurf, er, Kohlhaas, habe sich nicht gänzlich bemüht, hinfällig (vgl. S. 46, Z. 15f.). Ebenso wenig geht es Kohlhaas um ein „nichtiges Gut" (S. 46, Z. 7), denn seine Existenz steht auf dem Spiel und darüber hinaus ist er zutiefst beleidigt und in seiner Menschenwürde verletzt worden. Kaum glaubhaft erscheint auch Luthers Argument, die Obrigkeit kenne weder den Fall noch den Namen ‚Kohlhaas' (S. 46, Z. 21ff.), weil doch Luther selbst im Gespräch mit Kohlhaas darüber informiert, dass der Kurfürst „einen Heerhaufen" (S. 56, Z. 1f.) zusammengezogen habe und im Begriff stehe, Kohlhaas „im Schlosse zu Lützen aufzuheben" (S. 52, Z. 1f.).
An dieser Stelle verweist Kohlhaas auf den Tod seiner Frau Lisbeth. Auch hierauf fehlt die direkte Reaktion Luthers. Statt dessen wirft er Kohlhaas indirekt eigenes Verschulden am Tod seiner Frau vor sowie an der misslichen Lage, in der er sich befindet (vgl. S. 51, Z. 14ff.). Luthers nochmalige Betonung, direkt Klage beim Kurfürsten einzureichen, und der Vorwurf, der Kurfürst habe von dieser Sache nichts gewusst, sind fragwürdig.
Schließlich verspricht Luther, mit dem Kurfürsten in Verhandlung zu treten. Trotz der schwachen und wenig überzeugenden Argumentation gelingt es ihm, Kohlhaas zu bewegen, von seiner Überheblichkeit abzulassen. Dieser zeigt Bereitschaft, seinen Kriegshaufen „auseinander gehen" zu lassen (diese Handlung bezeichnet er später als unnütz) und die Klage noch einmal vorzubringen (vgl. S. 50, Z. 12–13). Auf die Dickfütterung der Rappen verzichtet er allerdings nicht, d.h., er *will* die Sache beim Kurfürsten von Sachsen vorbringen und hofft damit auf sein Recht. Gleichzeitig aber will er die Rache als legal verstanden wissen. Er ist zu keinem Kompromiss, zu keinem Vergleich bereit. Den Plan der „Errichtung einer besseren Ordnung der Dinge" (S. 44, Z. 18) gibt er auf, weil Luther ihn offenbar – entgegen seiner Erfahrung – überzeugt hat. Die bestehende Ordnung sei gut – im Sinne und im Verständnis Kohlhaas'.
Luther verweigert ihm schließlich die Kommunion.
Die Ergebnissicherung könnte folgendermaßen gestaltet werden:

Kohlhaas	**Luther**
Ziel: Widerlegen der Bezichtigung, ungerecht gehandelt zu haben	**Ziel:** Wiederherstellung des Friedens
• Forderung nach freiem Geleit Einreichen der Klage in Sachsen	• Zweifel an der Rechtmäßigkeit, Selbsthilfe zu üben
• Betonung der absichtlichen Täuschung des Gerichts in Dresden • Verstoßen aus der Gemeinschaft • Versagen der Gesetze	• Notwendigkeit rechtzeitigen Inkenntnissetzens des Landesherrn von Sachsen • Bestrafung der Landesdiener steht nur Gott zu
• Bereitschaft, nochmalige Klage direkt beim Kurfürsten einzureichen • Forderung nach freiem Geleit • Dickfütterung der Rappen • Schadensersatz für Herse	• Frage nach dem Inhalt der Forderungen beim Gericht:
• Erschwernis: Tod Lisbeths	• Betonung der Nichtigkeit der Gründe • Verweis auf Entscheidung beim Landesherrn • Vergebung des Junkers
• nochmalige Betonung des Todes	• Zusicherung der Unterredung mit dem Kurfürsten
• Auflösung des Kriegshaufens • Bitte um Absolution	• Verweigerung des Abendmahls

In diesem Dialog, der Kernstelle der Novelle, betont Kohlhaas die Notwendigkeit der staatlichen Gemeinschaft und der Unabdingbarkeit des Rechtsschutzes.
Bereits im Gespräch mit seiner Frau Lisbeth begründet Kohlhaas den Verkauf seines Hauses: „[...] weil ich in einem Lande, liebste Lisbeth, in welchem man mich, in meinen Rechten, nicht schützen will, nicht bleiben mag. Lieber ein Hund sein, wenn ich von Füßen getreten werden soll, als ein Mensch!“ (S. 28, Z. 4–8)
Im Gespräch mit Luther vertritt Kohlhaas diese Position ebenfalls. Auf die konkrete Frage Luthers „wer gab dir das Recht, den Junker von Tronka, in Verfolg eigenmächtiger Rechtsschlüsse, zu überfallen, und da du ihn auf seiner Burg nicht fandst mit Feuer und Schwert die ganze Gemeinschaft heimzusuchen, die ihn beschirmt?“ antwortet Kohlhaas: „hochwürdiger Herr, niemand, fortan! Eine Nachricht, die ich aus Dresden erhielt, hat mich getäuscht und verführt! Der Krieg, den ich mit der Gemeinheit der Menschen führe, ist eine Missetat, sobald ich aus ihr nicht, wie Ihr mir die Versicherung gegeben habt, verstoßen war! [...] Verstoßen [...] nenne ich den, dem der Schutz der Gesetze versagt ist! Denn dieses Schutzes, zum Gedeihen meines friedlichen Gewerbes, bedarf ich: ja er ist es, dessenhalb ich mich, mit dem Kreis dessen, was ich erworben, in diese Gemeinschaft flüchte; und wer mir ihn versagt, der stößt mich zu den Wilden der Einöde hinaus; er gibt mir, wie wollt Ihr das leugnen, die Keule, die mich selbst schützt, in die Hand“ (S. 49, Z. 11–34).
Für Kohlhaas ist der Rechtsschutz eine Notwendigkeit zur Existenzsicherung, zum Gedeihen des friedlichen Gewerbes (S. 49, Z. 29f.). Existiert dieser Rechtsschutz nicht, besteht für ihn keine Pflicht gegenüber dieser staatlichen Gemeinschaft. In diesem Fall kann er von einem „gerechten Krieg“ (S. 35, Z. 31) sprechen. In diesem Zusammenhang wird die Frage nach der „Gegenleistung für diese Schutzfunktion[1]“ nicht gestellt.
Anders dagegen argumentiert Luther; für ihn ist nicht der Staat die oberste richtende Instanz, sondern Gott.

Wenn nicht schon an anderer Stelle geschehen, erhalten die Lernenden zur Orientierung folgenden Arbeitsauftrag:

❒ *Verschaffen Sie sich anhand der angegebenen Textstellen einen Überblick über Kohlhaas' Auffassung von den Aufgaben des Staates und den Pflichten und Rechten des Bürgers. (S. 14, Z. 13–17; S. 19, Z. 18–33; S. 28, Z. 3–24; S. 32, Z. 12ff.; S. 49, Z. 18f.; S. 50, Z. 6–9)*

Die Ergebnissicherung könnte folgendermaßen gestaltet werden:

Kohlhaas' Auffassung von

den Aufgaben des Staates	den Pflichten und Rechten des Bürgers
• Schutz des Bürgers durch Gesetze	• Anspruch auf die Durchsetzung von Recht und Gesetz
• Einhaltung von Rechten und Sicherung ihrer Durchführung	• Pflicht (moralisch), Recht und Gerechtigkeit zu „erstreiten“

An dieser Stelle sollte die Argumentation Kohlhaas' und Luthers im Einzelnen betrachtet werden. Kohlhaas entwickelt hier seine eigene Logik.

[1] Gräff (2001), S. 52

5.2 ❒ Die Logik Kohlhaas' und die Antwort Luthers

Die Argumentation könnte hier in Form eines „logischen Schlusses" dargestellt werden. Zur Vorbereitung empfiehlt sich eine kurze Einführung in die philosophische Logik (s. dazu Zusatzmaterial 7). Für die Erarbeitung ist eine Partnerarbeit vorgesehen. Folgender Arbeitsauftrag wird vorgeschlagen:

❒ *Stellen Sie die Argumentation Kohlhaas' und die Luthers in Form eines „logischen Schlusses" dar.*

I. Kohlhaas' Argumentation

1. Die menschliche Gemeinschaft schützt jedes seiner Mitglieder durch Gesetze.
2. Kohlhaas wird nicht durch Gesetze geschützt.
3. Also ist Kohlhaas kein Mitglied der menschlichen Gemeinschaft.

Auch wenn Kohlhaas in seinen Rechten eingeschränkt wird bzw. kein Gehör findet, ist er immer noch Mitglied des Sozialverbandes, Kohlhaas selbst fühlt sich verstoßen, d.h., *er* nennt denjenigen, dem Recht verweigert wird, „verstoßen". Weil er sich nicht als Mitglied der menschlichen Gemeinschaft sieht, liegt hier der Ansatzpunkt für seinen „Aufstand". Daraus ergibt sich die weitere Argumentation:

II. Kohlhaas' Argumentation

1. Ein Mitglied der menschlichen Gemeinschaft darf keinen Krieg gegen diese anstrengen.
2. Kohlhaas ist kein Mitglied der menschlichen Gemeinschaft.
3. Also darf Kohlhaas einen Krieg gegen die menschliche Gemeinschaft anstrengen.

Kohlhaas ist bereit, in die Gemeinschaft zurückzukehren, wenn der Landesherr ihn nicht verstößt (S. 50, Z. 7), d.h., wenn er gesetzlich „geschützt" wird.

Luther dagegen – grundsätzlich religiös argumentierend – begibt sich scheinbar auf die politische Ebene:

III. Luthers Argumentation

1. Wenn Kohlhaas mit seiner Behauptung vom Verstoßensein Recht hat, muss der oberste Landesherr vom Rechtshandel gewusst haben.
2. Der Kurfürst von Sachsen hat nichts vom Rechtshandel Kohlhaas' gewusst.
3. Also muss sich Kohlhaas nicht verstoßen fühlen.

Prämisse 2 widerlegt Luther selbst (S. 52, Z. 1f.), indem er betont, der Kurfürst habe bereits ein Heer aufgestellt.

Haben die Lernenden die Argumentation nachgezeichnet, erhalten sie folgende Aufträge:

❒ *Formulieren Sie innerhalb der Gruppe Fragen vor dem Hintergrund der Argumentation von Luther und Kohlhaas in Bezug auf die Verbindung von staatlicher Gemeinschaft und Gesetz bzw. Rechtsschutz.*

❒ *Vergleichen Sie die Ergebnisse mit ihren Aussagen zu den Fragen von Baustein 1, Arbeitsblatt 1.*

Mögliche Fragen könnten sein:

- Ist jemand, wenn er nicht durch Gesetze geschützt wird, (k)ein Mitglied des Sozialstaates?
- Gibt es Gründe, einen Menschen nicht durch Gesetze zu schützen? Wenn ja, welche?
- Wann verliert ein Mensch den Schutz der Gesetze? (Korruption)
- Was ist im Fall von Korruption zu tun? Wie gelangt jemand angesichts einer korrupt handelnden Administration zu seinem Recht? (Frage der Selbsthilfe)

Hier müsste sich eine lebhafte Diskussion einzelner Fragen ergeben. Im Anschluss daran sollte das Handeln Kohlhaas' noch einmal (verstärkt) in den Blick rücken, um die Begriffe „Naturrecht" und „positives Recht" einzuführen.
Für Kohlhaas steht fest, dass der Schutz des Einzelnen durch Gesetze Voraussetzung für eine Gemeinschaft der Menschen ist. Kohlhaas begibt sich freiwillig eben unter dieser Bedingung des Schutzes und der Fürsorge des Staates in diesen Sozialverband. Aus diesem Grund kann er sagen: „wenn mich der Landesherr nicht verstößt, so kehre ich auch wieder in die Gemeinschaft, die er beschirmt, zurück" (S. 50, Z. 7–9). Damit rückt die staatsphilosophische Vertragstheorie in den Blick. „Der Staat wird in dieser Theorie als Vertrag zwischen Volk und Herrscher mit bestimmten Bedingungen, Leistungen und Gegenleistungen aufgefasst. In der mittelalterlichen Feudalordnung auf der Grundlage von Beziehung, Dienstleistung und gegenseitiger Treue wird dieses Vertragsverhältnis noch am angreifbarsten. Der Absolutismus sieht den Gesellschaftsvertrag in der Unterwerfung des Volkes unter den absoluten Herrscher von Gottes Gnaden, der über den Rechten steht, dem Volk jedoch seinen Schutz und Frieden bietet. Die Aufklärung versteht den Gesellschaftsvertrag als fiktive Willenserklärung freier und gleicher Menschen".[1]
Kohlhaas erscheint als Vertreter der Ideen der Aufklärung, er tritt damit in Opposition zur absolutistischen Staatsauffassung Luthers. Gerade hier wird die Projektion aufklärerischer staatsphilosophischer Gedanken in Folge der Französischen Revolution auf eine historische Persönlichkeit greifbar.

5.3 ❒ Der Schutz des Einzelnen und die Gesellschaft

Die Aufklärungsideen Kohlhaas' finden sich z. B. in den philosophischen Schriften von John Locke (1632–1704) und Jacques Rousseau (1712–1778) wieder.
In der *Zweiten Abhandlung über die Regierung* stellt Locke die Frage nach dem Gehorsam des Einzelnen gegenüber dem Herrschen der Regierung und nach den Möglichkeiten des Widerstandsrechts. Er geht davon aus, dass die Menschen im Naturzustand[2] durch die Gesetze der Natur untereinander verbunden sind und dass diese eine gegenseitige Schädigung verbieten.
Jeder Einzelne genießt in diesem Naturzustand Gleichheit und Freiheit. Eine natürliche Hierarchie unter den Menschen ist ausgeschlossen. Niemand hat das Recht, sich über den anderen zu erheben. Die Freiheit des Einzelnen in diesem Naturzustand ist nicht mit Zügellosigkeit zu verwechseln. Die Freiheit wird durch die von Gott gegebenen Gesetze der Natur beschränkt. Locke geht davon aus, dass jeder Einzelne die Gesetze der Natur vollstrecken könne zum Schutz von Unschuldigen und um den Angreifer zu bestrafen.
Als unverbrüchliche Rechte nennt Locke Freiheit, Gleichheit und Unverletzlichkeit von Person und Eigentum. Mit der Aufklärung erlangen die Naturrechte politische Bedeutung. Die Vorstellungen Lockes sind bis heute Grundlage des Staatsverständnisses westlicher Demokratien. Seine Gedanken finden ihren Niederschlag in der Amerikanischen Unabhängigkeitserklärung von 1776. „Naturrechte waren somit ein wichtiges Mittel und Ziel des Bürgertums im Kampf gegen das Feudalsystem und den Absolutismus"[3].
„Naturrecht im rechtsphilosophischen Sinn ist das Recht, das sich aus der menschlichen Natur ableitet und das demgemäß aus der reinen Vernunft, die allen Menschen eigen ist, erkennbar ist. Das Naturrecht ist daher für alle Zeiten gültig, von Raum und Zeit unabhängig [...] Den Gegensatz bildet das positive, d. h. das Gesetzes- oder das Gewohnheitsrecht, dessen Überbetonung als Rechtspositivismus bezeichnet wird."[4]

---

[1] Gräff (2001), S. 53
[2] Locke stellt sich das Zusammenleben der Menschen im Naturzustand, d. h. in einer nicht organisierten Gesellschaft, vor. „Diese Art von Gedankenexperiment dient gewöhnlich nicht dazu, eine realistische Darstellung des tatsächlichen Lebens zu einem bestimmten Zeitpunkt zu geben, sondern ist eher eine Geschichte, die zu dem Zweck erfunden wird, die Bildung einer Gesellschaft mit Regierung und Gesetzen philosophisch zur rechtfertigen" (Warburton, 2000, S. 84/85).
[3] Gräff (2001), S. 55
[4] Carl Creifelds (Hg.): Rechtswörterbuch. München 22/1992

Hier lässt sich eine Verbindung zu Rousseau ziehen. Sein Gesellschaftsvertrag verfolgt das Ziel, Quellen und Grenzen legitimer Macht zu erklären. Er geht davon aus, dass unter allen Mitgliedern eines Staates Übereinstimmung darin besteht, dass der Zweck ihrer Vereinigung das Gemeinwohl ist. Nur so kann die Gesellschaft dem Schutz von Leben und Eigentum dienen. Jedes Mitglied der Gesellschaft genießt deren Vorteile bei gleichzeitigem Verzicht auf einen Teil seiner Freiheit zugunsten des Gemeinwohls. In Rousseaus Vertragstheorie soll die Freiheit des Einzelnen mit den Wohltaten der Gesellschaft verbunden werden.

Der Gemeinwille ist der Wille aller in einer Gesellschaft Lebenden. In Entscheidungssituationen kann es jedoch notwendig sein, im Sinne des Gemeinwohls, diesen Wunsch aufzugeben bzw. abzulehnen. Das ist immer dann der Fall, wenn das Gemeinwohl im Vordergrund steht und der Staat zugunsten dieses Wohls entscheidet. Der Gemeinwille hat das Gemeinwohl zum Ziel. Alle Mitglieder eines Staates stellen ihre Privatinteressen zurück, wenn sie mit den Interessen des Staates kollidieren. Handeln in Übereinstimmung mit dem allgemeinen Willen ist für Rousseau bürgerliche Freiheit.

Auf der Grundlage der Zusatzmaterialien 8–11 können die Schülerinnen und Schüler die philosophische Position Kohlhaas' eingehend beleuchten.
Möglicherweise jedoch sprengt diese thematische Ausrichtung den Rahmen des Unterrichts. Eine Kooperation mit dem Fach Philosophie wäre hier wünschenswert. Darüber hinaus gibt es die Option eines vertiefenden Schülerreferats zum Thema. Für eine Orientierung in diesem Zusammenhang werden hier die einzelnen Arbeitsaufträge zu dem Textmaterial genannt:

- ❒ *Wie begründet Locke den Naturzustand und das Widerstandsrecht? Vergleichen Sie seine Auffassung mit der Kohlhaas'!*
- ❒ *Inwiefern lässt sich Rousseaus Auffassung von Freiheit mit der Kohlhaas' vergleichen?*
- ❒ *Vergleichen Sie den Auszug aus der Amerikanischen Unabhängigkeitserklärung mit dem Freiheitsbegriff Rousseaus und der Auffassung Kohlhaas'.*
- ❒ *Nennen Sie Gründe, aus denen die Menschen den Naturzustand verlassen und einen eigenen Staat gründen.*
- ❒ *Vergleichen Sie die Konzeption Lockes mit der Auffassung von Staat und Recht Kohlhaas'.*

Kohlhaas fühlt sich „zu den Wilden in der Einöde“ hinausgestoßen, wo er „die Keule, die mich selbst schützt“ (S. 49, Z. 32f.), benutzen muss. Das Recht auf Selbstjustiz beansprucht er, weil er glaubt, in einem rechtlosen Zustand zu leben; deshalb macht er von seinem Naturrecht Gebrauch: Herstellung der Gerechtigkeit.
In der Forschung wird in diesem Zusammenhang die Pflichtethik Kants (1724–1804) als grundlegend angesehen. „Mit seinen Begriffen Legalität und Moralität führt I. Kant [...] die Dichotomie von natürlichem und positivem Recht weiter. Legalität bedeutet hierbei die äußere, formale Übereinstimmung der Handlungen des Einzelnen oder des Staates mit konkreten gesetzlichen Ordnungen ohne die Berücksichtigung der inneren Einstellung des Handelnden zum Recht und seiner Handlungsmotive. Moralität meint im Gegensatz hierzu die wahre Sittlichkeit des Handelns, d.h. die Übereinstimmung des Willens des Handelnden mit dem Sittengesetz als der obersten Norm zur Begründung und Beurteilung menschlichen Handelns. Moralisch korrektes Handeln wird zur inneren Pflicht des vorbildlichen Bürgers.“[1]

Der Grundsatz Kants, Handeln aus Pflicht, sollte auf jeden Fall dann ausführlich im Unterricht besprochen werden, wenn auf den Klausurvorschlag (Zusatzmaterial 19) zurückgegriffen wird.
Ohne Einschränkung gut ist allein ein guter Wille. So sind etwa Mut, Entschlossenheit und Beharrlichkeit gute Eigenschaften, aber an sich selbst nicht notwendigerweise gut, denn

[1] Gräff (2001), S. 55

sie können auch böse und schädlich werden, wenn sie nicht in guter Absicht, d.h. mit einem guten Willen, gebraucht werden. Der gute Wille ist an sich gut, nicht jedoch durch das, was er bewirkt oder ausrichtet. Wenn „durch eine besondere Ungunst des Schicksals, oder durch kärgliche Ausstattung einer stiefmütterlichen Natur es diesem Willen gänzlich an Vermögen fehlte, seine Absicht durchzusetzen"[1], glänzt der gute Wille „wie ein Juwel doch für sich selbst"[2]. Für die Beurteilung eines moralischen Wertes einer Handlung sind für Kant deren Wirkungen und Folgen irrelevant.
Die einzig richtige Form für moralisches Handeln ist das Pflichtgefühl. Entsprechen Handlungen von Menschen äußerlich ihren Pflichten, sind sie pflichtgemäß, weil z.B. die Erfüllung ihrer Pflicht von egoistischem Interesse begleitet wird. Reines Handeln aus Pflicht geschieht ohne weitere Motive, allein aus der Gewissheit heraus, Richtiges zu tun.
Dem Handeln aus Pflicht steht das Handeln aus Neigung gegenüber. Für Kant haben Handlungen, die etwa aus Mitleid oder aus Sympathie geschehen, keinerlei moralischen Wert. Allein entscheidend ist das Handeln aus reinem Pflichtgefühl. Als Begründung führt Kant an, dass jedem vernünftigen Wesen Moralität eigen sein kann, d.h., jedes vernunftbegabte Wesen kann rationale Entscheidungen treffen. Neigungen dagegen entziehen sich bewusster Kontrolle. Nicht jeder Mensch hat eine mitfühlende Natur.
Der moralische Wert einer Handlung bemisst sich nicht nach ihren Folgen, sondern ausschließlich nach den ihr zugrunde liegenden Prinzipien, den Maximen. So kann etwa dasselbe Verhalten das Ergebnis unterschiedlicher Maximen sein. Man sagt z.B. die Wahrheit aufgrund der Maxime, immer die Wahrheit zu sagen, oder man sagt die Wahrheit aufgrund der Maxime, nur dann die Wahrheit zu sagen, wenn man keine andere Möglichkeit für sich sieht. In beiden Fällen lässt sich am Verhalten rein äußerlich – beide haben die Wahrheit gesagt – nicht ablesen, welches moralisch wertvoll ist. Erst nach Überprüfung der Maximen lässt sich der moralische Wert der einzelnen Handlungen ermitteln. Zur Überprüfung, ob Handlungen als moralisch gelten können, dient Kants Kategorischer Imperativ. Die moralische Pflicht besteht in der Achtung vor dem Sittengesetz, dem Kategorischen Imperativ.

Der Kategorische Imperativ lautet:
„Handle nur nach derjenigen Maxime, durch die du zugleich wollen kannst, dass sie ein allgemeines Gesetz werde".
Unter „wollen" versteht Kant eine Absicht, die durch Vernunft gesteuert wird. Unter „Gesetz" versteht er ein moralisches Gesetz. Moralische Gesetze und legale Gesetze sind voneinander getrennt. Vor diesem Hintergrund kann die Absicht Kohlhaas', die Wiederherstellung von Gerechtigkeit bzw. sein Bemühen um Recht, als Pflicht bezeichnet werden. In diesem Sinn heißt es von Kohlhaas, „dass wenn der ganze Vorfall (sc. Passscheinforderung), wie es allen Anschein habe, bloß abgekartet sein sollte, er mit seinen Kräften der Welt in der Pflicht verfallen sei, sich Genugtuung für die erlittene Kränkung, und Sicherheit für zukünftige seinen Mitbürgern zu verschaffen" (S. 14, Z. 13–17).
Sein Kampf für die Wahrung von Recht und Gerechtigkeit geschieht einzig und allein aus Pflicht. Ein pflichtgemäßes Handeln kann deshalb ausgeschlossen werden, weil es von keinem egoistischen Interesse begleitet wird. Sein Handeln geschieht aus moralischer Pflicht und diese stimmt überein mit dem Sittengesetz, dem Kategorischen Imperativ.
Immer dann, wenn sich jemand objektiv im Recht befindet und ihm das ihm zustehende Recht versagt wird, soll man der Maxime – das Recht einzufordern – folgen. Kohlhaas geht es um die Einforderung und die Wiederherstellung des Rechts. Es bleibt allerdings zu diskutieren, inwiefern seine gewaltsamen Aktionen moralisch und auch rechtlich vertretbar sind.

Arbeitsblatt 6 (S. 55) liefert hierzu entsprechendes Material. Alle Kursteilnehmer lesen den Text in häuslicher Vorbereitung unter folgender Aufgabenstellung:

- *Wie begründet Kant seine These, dass „allein ein guter Wille ohne Einschränkung" (Z. 1f.) für gut gehalten werden kann?*

---

1 Immanuel Kant: Grundlegung zur Metaphysik der Sitten. Hrg. von Karl Vorländer. Leipzig: Meier [3]1945, S. 5f.
2 Ebenda

Ergänzend sollte Zusatzmaterial 13 eingesetzt werden. Zur Erarbeitung bieten sich ggf. ein Schülerreferat oder eine arbeitsteilige Gruppenarbeit an. Folgende Arbeitsaufträge werden vorgeschlagen:

- ❒ *Klären Sie die Begriffe Moralität und Legalität.*
- ❒ *Was versteht Kant unter „pflichtgemäßem Handeln“ und „Handeln aus Pflicht“?*
- ❒ *Überprüfen Sie, inwiefern Kohlhaas im Sinne Kants handelt. Wenden Sie den Kategorischen Imperativ an.*

Die Erarbeitung des kohlhaasischen Pflichtbewusstseins und seines Handelns aus Pflicht in Übereinstimmung mit dem Sittengesetz verlangt einen Rückgriff auf die Eingangspassage: Michael Kohlhaas, der Rosshändler, war „einer der rechtschaffensten zugleich und entsetzlichsten Menschen seiner Zeit“ (S. 5, Z. 3f.). Der Fortgang der Erzählung zeigt, dass es sich um einen scheinbaren Widerspruch handelt. Rechtschaffenheit, die Tugend, schließt das Entsetzliche nicht aus, wenn sie nicht in normalem Maß, sondern im Übermaß auftritt. Dass also ein Mensch rechtschaffen und entsetzlich zugleich ist, liegt auf derselben Linie seines Charakters, ist nicht als Gegensatz, sondern als Steigerung zu verstehen. Diesem Psychogramm liegt die Rechtsauffassung zugrunde, dass es nicht möglich ist, dass das Recht evolutionär zum Rechtlicheren fortschreitet, sondern das Recht, das sich mit sich selbst begnügt, wird vielmehr zum Unrecht.

Die Schülerinnen und Schüler erhalten folgenden Auftrag:

- ❒ *Versuchen Sie vor dem Hintergrund Ihres bisherigen Textverständnisses die Paradoxie der Eingangspassage der Novelle zu erklären.*

Die Erarbeitung kann in Kleingruppen erfolgen, wobei jede Gruppe ihre Ergebnisse auf einem Plakat fixiert, das dann im Plenum präsentiert wird. Im Unterrichtsgespräch werden alle Plakate vergleichend diskutiert und ausgewertet.

Als Ergebnissicherung könnte folgendes Tafelbild entstehen:

Psychogramm

Kohlhaas ist

- souverän
- selbstbewusst – fordert Gleichberechtigung mit dem Junker
- fähig, vernünftig zu handeln
- bereit, geduldig juristisch um sein Recht zu kämpfen

⇨ überaus rechtschaffen

→ Er wird zum Räuber und Mörder aus Rechtsgefühl!

Kohlhaas wird

- gekränkt und gedemütigt
- in seiner Ehre und Menschenwürde verletzt

⇨ in seinem Rechtsgefühl angegriffen und reagiert überaus entsetzlich

Innerhalb des positiven Rechts gibt es kein Gesetz, das Korruption regelt.
Es stehen sich jedoch auf der einen Seite die Faktizität als reale Kraft und auf der anderen Seite das geltende Recht als ideelle Kraft gegenüber. Kohlhaas wird nun gezielt Recht vor-

enthalten, ihm wird sein Recht verweigert, und genau daran scheitert er. Er setzt sich für das positive Recht ein, d.h., er schlägt den Rechtsweg ein und wird dabei vom positiven Recht unterstützt und gleichzeitig auch verlassen.
Bei einer absichtlichen Blockierung des Rechtsweges, z.B. bei Korruption, hat das betroffene Individuum keine reelle Chance, zu seinem Recht zu gelangen, sondern befindet sich in einem Dilemma. Entweder resigniert es, oder aber es verursacht durch sein Handeln eine Katastrophe.[1]
Die Ausweglosigkeit, genauer das Dilemma Kohlhaas', sollte an dieser Stelle herausgestellt werden.

Zur Erarbeitung der folgenden Arbeitsaufträge bietet sich Gruppenarbeit an:

- ❒ *Wie lassen sich Selbsthilfe und Widerstandsrecht legitimieren, wenn der Souverän sich nicht darum sorgt, dass die Rechte des Bürgers eingehalten werden?*
- ❒ *Was hätte Kohlhaas tun können?*

Interessierte Schülerinnen und Schüler können hier die Frage einbeziehen, ob es für Kohlhaas' Verhalten, die „Ordnung in der Welt" wiederherzustellen, aktuelle Parallelen gibt.

Die Ergebnissicherung könnte folgendermaßen gestaltet werden:

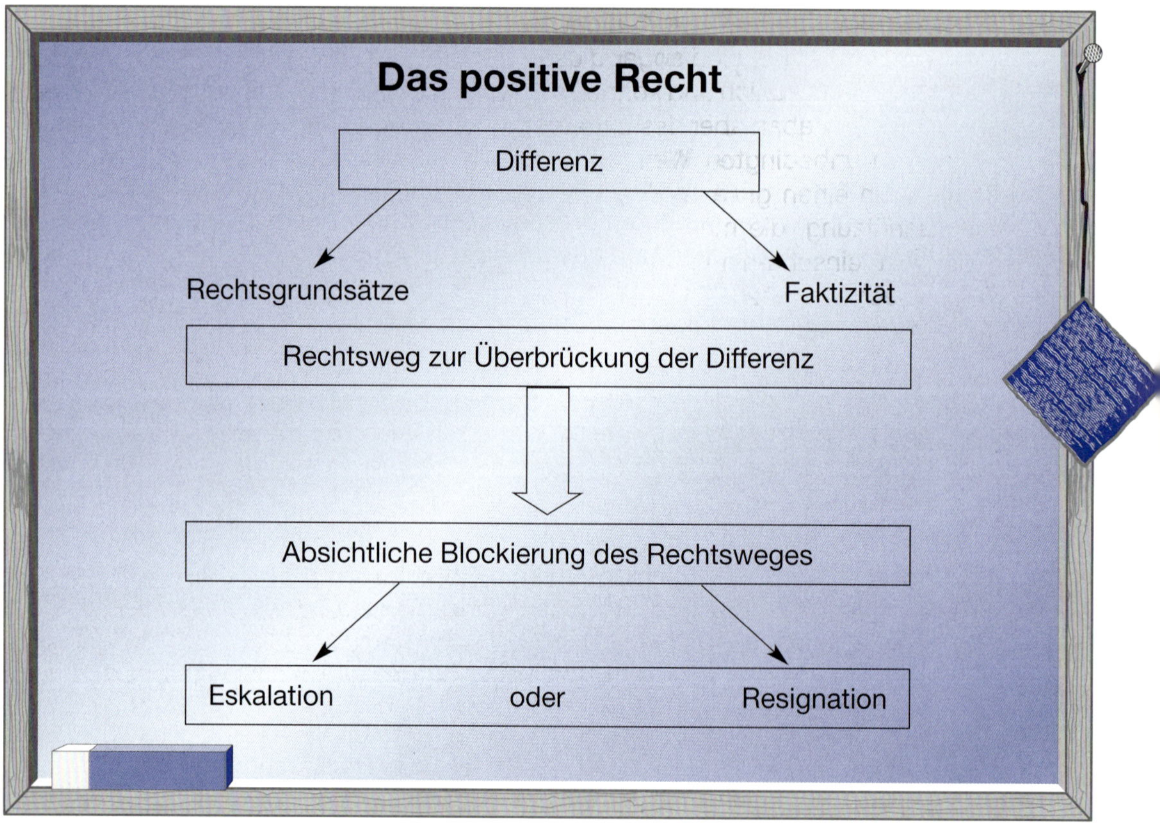

Notizen

---

[1] vgl. dazu auch Bohnert (1988/89), S. 424f.

Immanuel Kant: Guter Wille und Kategorischer Imperativ

Es ist überall nichts in der Welt, ja überhaupt auch außer derselben zu denken möglich, was ohne Einschränkung für gut gehalten werden könnte, als allein ein *guter Wille,* Verstand, Witz, Urteilskraft und wie die *Talente* des Geistes sonst heißen mögen, oder Mut, Entschlossenheit, Beharrlichkeit im Vorsatze, als Eigenschaften des *Temperaments,* sind ohne Zweifel in mancher Absicht gut und wünschenswert; aber sie können auch äußerst böse und schädlich werden, wenn der Wille, der von diesen Naturgaben Gebrauch machen soll und dessen eigentümliche Beschaffenheit darum *Charakter* heißt, nicht gut ist [...]. Einige Eigenschaften sind sogar diesem guten Willen selbst beförderlich und können sein Werk sehr erleichtern, haben aber des ungeachtet keinen inneren unbedingten Wert, sondern setzen immer noch einen guten Willen voraus, der die Hochschätzung, die man übrigens mit Recht für sie trägt, einschränkt und es nicht erlaubt, sie für schlechthin gut zu halten. Mäßigung in den Affekten und Leidenschaften, Selbstbeherrschung und nüchterne Überlegung sind nicht allein in vielerlei Absicht gut, sondern scheinen sogar einen Teil vom *inneren* Werte der Person auszumachen; allein es fehlt viel daran, um sie ohne Einschränkung für gut zu erklären (so unbedingt sie auch von den Alten gepriesen worden). Denn ohne Grundsätze eines guten Willens können sie höchst böse werden, und das kalte Blut eines Bösewichts macht ihn nicht allein weit gefährlicher, sondern auch unmittelbar in unseren Augen noch verabscheuungswürdiger, als es ohne dieses dafür werde gehalten werden.

Der gute Wille ist nicht durch das, was er bewirkt oder ausrichtet, nicht durch seine Tauglichkeit zur Erreichung irgendeines vorgesetzten Zweckes, sondern allein durch das Wollen, d. i. an sich gut und, für sich selbst betrachtet, ohne Vergleich weit höher zu schätzen als alles, was durch ihn zugunsten irgendeiner Neigung, ja wenn man will, der Summe aller Neigungen, nur immer zustande gebracht werden könnte. Wenngleich durch eine besondere Ungunst des Schicksals, oder durch kärgliche Ausstattung einer stiefmütterlichen Natur es diesem Willen gänzlich an Vermögen fehlte, seine Absicht durchzusetzen; wenn bei seiner größten Bestrebung dennoch nicht von ihm ausgerichtet würde, und nur der gute Wille (freilich nicht etwa als ein bloßer Wunsch, sondern als die Aufbietung aller Mittel, soweit sie in unserer Gewalt sind) übrig bliebe: wo würde er wie ein Juwel doch für selbst glänzen als etwas, das seinen vollen Wert in sich selbst hat. Die Nützlichkeit oder Fruchtlosigkeit kann diesem Werte weder etwas zusetzen oder abnehmen. [...]

Was kann das aber wohl für ein Gesetz sein, dessen Vorstellung, auch ohne auf die daraus erwartete Wirkung Rücksicht zu nehmen, den Willen bestimmen muss, damit dieser schlechterdings und ohne Einschränkung gut heißen könne?

Da ich den Willen aller Antriebe beraubt habe, die ihm aus der Befolgung irgendeines Gesetzes entspringen könnten, so bleibt nichts als die allgemeine Gesetzmäßigkeit der Handlungen überhaupt übrig, welche allein dem Willen zum Prinzip dienen soll, d. i. ich soll niemals anders verfahren als so, *dass ich auch wollen könne, meine Maxime solle ein allgemeines Gesetz werden.* Hier ist nun die bloße Gesetzmäßigkeit überhaupt (ohne irgendein auf gewisse Handlungen bestimmtes Gesetz zum Grunde zu legen) das, was dem Willen zum Prinzip dient und ihm auch dazu dienen muss, wenn Pflicht nicht überall ein leerer Wahn und chimärischer Begriff sein soll! Hiermit stimmt die gemeine Menschenvernunft in ihrer praktischen Beurteilung auch vollkommen überein und hat das gedachte Prinzip jederzeit vor Augen.

Aus: I. Kant: Grundlegung zur Metaphysik der Sitten. Hrg. von Karl Vorländer. Leipzig: Meiner ³1945, S. 5f.

❒ *Wie begründet Kant seine These, dass „allein ein guter Wille ohne Einschränkung“ (Z. 1ff.) für gut gehalten werden kann?*

Ereignisse in Sachsen[1]

6.1 ❒ Staatsratssitzung

Diese Sequenz hat das Ziel, einerseits Missstände am Hof von Sachsen aufzuzeigen und andererseits diplomatisches Taktieren der Regierung zu verdeutlichen. Vor diesem Hintergrund werden folgende Ereignisse näher betrachtet: Die Abdeckerszene und das Auftauchen Johann Nagelschmidts. Durch das Auftauchen beider Personen, das des Abdeckers und seines ehemaligen Anhängers Nagelschmidt, gerät Kohlhaas in eine zunehmend missliche Lage. Er wird das Opfer machtpolitischer Interessen.

Luther setzt sich für Kohlhaas ein und verfasst ein Sendschreiben an den Kurfürsten von Sachsen. Darin bezeichnet er Kohlhaas als Staatsfeind, als Rebell, der Sympathie im Volk genieße, und aufgrund dessen bestehe die Gefahr einer Vereinnahmung eines Großteils des Volkes. Um großen Schaden für Regierung und Staat abzuwenden, fordert Luther eine Wiederaufnahme des Prozesses.
Zunächst erhalten die Schülerinnen und Schüler folgenden Arbeitsauftrag:

❒ *Lesen Sie noch einmal den Text auf S. 53, Z. 19–S. 54, Z. 13 und formulieren Sie die wesentlichen Argumente und Forderungen Luthers.*

Folgendes Tafelbild ist möglich:

Sendschreiben Luthers

- Amnestieforderung zur Erneuerung des Prozesses
- Öffentlichkeit ergreift Partei für Kohlhaas
- Befürchtung eines Volksaufruhrs im Fall einer Abweisung der Klage
- Betonung der Notwendigkeit, mit Kohlhaas in Verhandlung zu treten
- Bezeichnung Kohlhaas' als Rebell

Die Empfehlung Luthers wird im Staatsrat kontrovers diskutiert. Zunächst äußert sich Kunz von Tronka sehr „weitläufig" und ausschweifend (vgl. S. 54, Z. 26), Hinz von Tronka appelliert indirekt an die Wahrung eigener Interessen (S. 57, Z. 3f), während der Kurfürst mit „ungewissen Blicken an seinen Tisch trat" (S. 57, Z. 2f.) und vorher heißt es von ihm: „Der Kurfürst, den der Junker bei diesen Worten betroffen ansah, wandte sich, indem er über das ganze Gesicht rot ward, und trat ans Fenster" (S. 56, Z. 25f.). Alle Staatsratsmitglieder registrieren den Austausch der Blicke dieser beiden; es folgt eine „verlegene Pause" (S. 56, Z. 28/9). Graf Wrede tritt für „schlichtes Rechttun" (S. 55, Z. 34/4) ein. Der Prinz von Meißen schlägt vor, Kohlhaas wegen seines Angriffs auf den Staat zu bestrafen und auch den Kämmerer, Kunz von Tronka, wegen Amtsmissbrauchs anzuklagen.
Graf Kallheim und Hinz und Kunz von Tronka suchen eine Entscheidung zu ihren Gunsten. Kohlhaas müsse, so Hinz von Tronka, wegen „seiner Mordbrennereien und Räubereien" (S. 57, Z. 17) verurteilt werden, denn diese Entscheidung sei eine „staatskluge Wendung, die die Vorteile der Ansichten beider Staatsmänner vereinigt, und des Beifalls der Welt und der Nachwelt gewiss ist" (S. 57, Z. 18–20).
Der Prinz und der Großkanzler antworten auf diesen Vorschlag wortlos, „mit einem bloßen Blick" (S. 57, Z. 22). Der Kurfürst äußert sich während der Sitzung an keiner Stelle verbal

[1] Dieser Baustein bezieht sich auf die Seiten 53–85 der Textausgabe.

zur konkreten Sachlage. Lediglich am Schluss heißt es von ihm, er wolle „die verschiedenen Meinungen, die sie ihm vortragen, bis zur nächsten Sitzung des Staatsrates bei sich selbst überlegen" (S. 57, Z. 24f.). Offenbar weiß auch er über die illegalen Machenschaften Bescheid, denn es „schien, die Präliminar-Maßregel, deren der Prinz gedacht hatte, seinem für Freundschaft sehr empfänglichen Herzen die Lust benommen, den Heereszug gegen den Kohlhaas, zu welchem schon alles vorbereitet war, auszuführen" (S. 57, Z. 26–30). Aus dieser Befangenheit heraus erklärt sich, dass der Kurfürst selbst keine klare politische Position bezieht, statt dessen ist sein Verhalten während der Diskussion durch Gestik und Mimik bestimmt. Die Zurückhaltung des Kurfürsten bleibt auch vom Erzähler nicht unkommentiert. Doch „wenigstens" (S. 57, Z. 30), so der Erzählerkommentar, „behielt er den Großkanzler, Grafen Wrede, dessen Meinung ihm die zweckmäßigste schien, bei sich zurück" (S. 57, Z. 31f.). Schließlich entscheidet der Kurfürst auch nach seiner persönlichen Interessenlage; offenbar kennt er die Sachlage genau. Er entscheidet sich für den Vorschlag des Grafen Wrede wegen der „allgemeinen Unzufriedenheit, die wegen der Unziemlichkeiten des Kämmerers im Lande herrschte" (S. 57, Z. 36f.). Der Kurfürst stellt ein Ultimatum und plädiert für eine erneute Untersuchung der Rechtslage. Im Fall einer Abweisung der Klage auf Wiederherstellung der Rappen erfolgt eine Verurteilung.
Seine Entscheidung orientiert sich am Sendschreiben Luthers. Dieser stützt seine Entscheidungen und Forderungen auf die Überzeugung, Kohlhaas müsse als Rebell betrachtet werden.

Zur Orientierung und zum besseren Verständnis einzelner Positionen der Staatsratsmitglieder ist eine Inszenierung dieser „Sitzung" geplant, wobei die Schülerinnen und Schüler einzelne Rollen übernehmen und aus deren Sicht argumentieren und den Fall „Kohlhaas" verhandeln.

Nach sorgfältigem Lesen der Textpassage (S. 54, Z. 13–S. 58, Z. 4) erfolgt die Weiterarbeit in Gruppen. Die Teilnehmerzahl richtet sich nach der Anzahl der Staatsratsmitglieder. Je nach Rollenverteilung arbeiten sechs Teilnehmer in einer Gruppe zusammen.
Folgende Personen nehmen an der Sitzung teil:

Kurfürst von Sachsen	Oberster Landesherr
Prinz Christiern von Meißen	Onkel des von Kohlhaas bei Mühlberg geschlagenen Friedrich von Meißen
Graf Wrede	Großkanzler des Tribunals
Graf Kallheim	Präsident der Staatskanzlei
Hinz von Tronka	Mundschenk
Kunz von Tronka	Kämmerer

Die Schülerinnen und Schüler erhalten folgende Aufträge:

- *Lesen Sie noch einmal den Text auf den Seiten 54–58.*
- *Tauschen Sie innerhalb der Gruppe Ihre Leseeindrücke aus und entscheiden Sie sich für eine dieser Figuren, die Sie in einer fingierten Staatsratssitzung vertreten.*

Hierbei geht es nicht nur um eine Reproduktion der einzelnen Argumente entsprechend der Textvorlage, sondern auch um ein vertiefendes inhaltliches Verständnis. Die Arbeit erfolgt dabei zunächst in Gruppen, da auf diesem Weg ein Austausch über das komplizierte Handlungs- und Personengeflecht stattfindet. Es empfiehlt sich zuvor, wenn nicht schon an anderer Stelle geschehen, in Form einer Übersicht die Personenkonstellation zu erarbeiten bzw. zu klären. Das Zusatzmaterial 13 bietet hierzu einen Orientierungsvorschlag.

In einer weiteren Arbeitsphase werden die Gruppen neu zusammengesetzt: Die Vertreter der gleichen Figur erarbeiten „ihre" Argumentationsstrategie.
Aus diesem Grund ist es erwünscht, dass die Schülerinnen und Schüler „ihre Argumente" auch mit entsprechenden Kommentaren versehen bzw. Ergänzungen hinzufügen, die mögliche Gründe für ihre Entscheidungen ausdrücken, wie z. B. Missgunst, Neid, persönliche Vorteile, Angst vor Machtverlust, verwandtschaftliche Beziehungen der einzelnen Mit-

glieder untereinander. Exemplarisch werden so Einblicke in interessegeleitetes politisches Handeln vermittelt.
Aus zeitökonomischen Gründen kann die nah an der Textvorlage ausgearbeitete Szene (Zusatzmaterial 14) eingesetzt werden. Wird mit diesem Text gearbeitet, können die Schülerinnen und Schüler einzelne Aussagen dem Sinn entsprechend verändern, mit ihren eigenen Worten formulieren oder kommentieren.
Für diese Phase erhalten die Schülerinnen und Schüler folgende Aufträge:

- ❒ *Versetzen Sie sich in die von Ihnen ausgewählte Figur und erarbeiten Sie innerhalb Ihrer Gruppe eine überzeugende Argumentationsstrategie.*
  Berücksichtigen Sie dabei auch mögliche private Interessen dieser Person.

- ❒ *Verteilen Sie die Argumente in Ihrer Gruppe auf die einzelnen Mitglieder, sodass sich alle in gleicher Weise an der Diskussion beteiligen können.*

Nun erfolgt das eigentliche szenische Spiel. Entsprechend ihrer Rollenzuordnung sitzen die Schülerinnen und Schüler in Gruppen (mehrere Vertreter einer Stimme) verteilt im Klassenraum und führen die Diskussion durch.

- ❒ *Analysieren Sie das Amnestieversprechen des Kurfürsten (S. 58, Z. 7–23). Wie beurteilen Sie seine Entscheidung? Vergleichen Sie diese mit dem Schreiben Luthers.*

Entscheidung des Kurfürsten

- Zusicherung freien Geleits nach Dresden, wenn er innerhalb von drei Tagen – nach Erhalt des Schreibens – die Waffen niederlegt.
- erneute Untersuchung seines Falls
- Sollte die Klage (der Rappen wegen) in Dresden abgewiesen werden, erfolgt eine Verurteilung wegen Selbstjustiz „mit der ganzen Strenge des Gesetzes“ (S. 58, Z. 19).

In diesem Zusammenhang sollte die Frage nach dem Wesen eines Rebells gestellt werden. Für die Erarbeitung bietet sich ein Schülerreferat an. Das Zusatzmaterial 15 bietet eine Textgrundlage. Interessierte Schülerinnen und Schüler haben hier die Möglichkeit, einen Aktualitätsbezug herzustellen.

6.2 ❒ Abdeckerszene (S. 61, 118–S. 72, Z. 17)

Die Bedeutung dieser Szene ist in der Forschung vielfach hervorgehoben worden. „Dieser Vorfall stellt eine Spiegelung der Novellenhandlung im Kleinen dar: Ein stolzer Bürger reagiert auf die überhebliche Willkür eines Adligen, indem er ihn angreift, ihn tatsächlich in die Knie zwingt und ihm die selbstverliehenen Zeichen seiner Würde nimmt“.[1]
Zur Vorbereitung für die Erarbeitung dieser Szene erhalten die Schülerinnen und Schüler folgenden Leseauftrag:

- ❒ *Kennzeichnen Sie in der Textpassage (S. 61–72) Aussagen, die den Stimmungsumschwung im Volk gegen Kohlhaas begründen.*

Der Junker Wenzel von Tronka, aus seiner Haft in Wittenberg entlassen, kommt nach Dresden, um sich der Verantwortung der gegen ihn eingeleiteten Klage zu stellen (vgl. S. 61, Z. 18f.). Die Vettern Hinz und Kunz bemühen sich um die Beschaffung der Pferde, die ein Abdecker aus Döbbeln auf den Markt der Stadt bringt. Wenzel von Tronka und Kunz von Tronka, sein Vetter, begeben sich zur Begutachtung der Pferde auf den Marktplatz. Umringt von einer Menschenmenge, sehen sie die Pferde an einen Karren angebunden. Wäh-

[1] Gräff (2001), S. 27

rend der Junker auch hier Schwäche zeigt – „verlegen“ (S. 64, Z. 19) äußert er sich zu den „jämmerlichen Tieren“ (S. 64, Z. 17–18) –, fragt Kunz von Tronka, „einen Blick sprachlosen Grimms voll auf ihn werfend“ (S. 64, Z. 21), indem er seine Orden und Abzeichen präsentiert, den Abdecker nach der Herkunft der Pferde. Der Abdecker jedoch lässt sich weder vom Aussehen des Kämmerers beeindrucken noch lässt er sich auf ein Gespräch ein. Der dieser Situation völlig ausgelieferte Kämmerer bittet seinen Vetter mit bleichen und bebenden Lippen (vgl. S. 65, Z. 39) um Hilfe. Völlig hilflos und „gänzlich unwissend, was er zu tun oder zu lassen habe“ (S. 66, Z. 3), tritt der Kämmerer „überaus gereizt“ (S. 66, Z. 1) zur Seite und ruft den zufällig vorbeireitenden Freiherrn von Wenk herbei, um durch die Vermittlung des Großkanzlers Kohlhaas zur Betrachtung der Rappen zu bewegen.
Unter Begleitung einer Menschenmenge identifiziert Kohlhaas die Pferde. Daraufhin kauft Kunz von Tronka die Pferde und befiehlt einem Knecht, der zu ihm herantritt, die Pferde nach Hause zu führen. In diesem Moment ergreift ihn Meister Himboldt, sein Vetter, am Arm und verhindert das Abführen der Pferde. Der Kämmerer müsse sich „einen Schindknecht anschaffen“ (S. 68, Z. 26f.), äußert er laut und der Kämmerer ruft „vor Wut schäumend“ (S. 68, Z. 28) nach einer Wache.
Als der Knecht schließlich den Befehl des Kämmerers verweigert, kommt es zum Handgemenge. Nur ein Trupp „berittener Landsknechte, die zufällig über den Platz zogen“ (S. 70, Z. 1), können den Kämmerer retten. Der Knecht wird inhaftiert. Für Kohlhaas hat diese Aktion Nachteile: „Einen so heillosen Ausgang nahm der wohl gemeinte und redliche Versuch, dem Rosshändler wegen des Unrechts, das man ihm zugefügt, Genugtuung zu verschaffen“ (S. 70, Z. 8–11).
„Dieser Vorfall, so wenig der Rosshändler ihn in der Tat verschuldet hatte, erweckte gleichwohl, auch bei den Gemäßigtern und Besseren, eine, dem Ausgang seiner Streitsache höchst gefährliche Stimmung im Lande“ (S. 70, Z. 22–25). Kohlhaas hat nun, offenbar durch diesen Vorfall, das Volk gegen sich. Der Grund für diesen Stimmungsumschwung im Volk liegt nicht zuletzt in der deutlich sichtbaren Gestalt der abgemagerten und halb verhungerten Pferde. Konnte sich das Volk anfangs in Bezug auf Ungerechtigkeiten und Gesetzesverweigerung mit Kohlhaas identifizieren, so wirft nun das Streitobjekt (die beiden Rappen) die Frage nach der Verhältnismäßigkeit der Reaktion Kohlhaas' auf. „Man fand das Verhältnis desselben zum Staat ganz unerträglich, und in Privathäusern und auf öffentlichen Plätzen, erhob sich die Meinung, dass es besser sei, ein offenbares Unrecht an ihm zu verüben, und die ganze Sache von Neuem niederzuschlagen, als ihm Gerechtigkeit, durch Gewalttaten ertrotzt, in einer so nichtigen Sache, zur bloßen Befriedigung seines rasenden Starrsinns, zukommen zu lassen“ (vgl. S. 70, Z. 25–33).
Darüber hinaus steigert sich die Stimmung gegen Kohlhaas durch den Grafen Wrede selbst (vgl. S. 70, Z. 33f.). „Zum völligen Verderben des armen Kohlhaas musste der Großkanzler selbst, aus übergroßer Rechtlichkeit, und einem davon herrührenden Hass gegen die Familie von Tronka, beitragen, diese Stimmung zu befestigen [...]“ (S. 70, Z. 33ff.). Er bittet den Präsidenten, Graf Kallheim, „ihn mit Privataufträgen in dieser Sache zu verschonen“ (S. 71, Z. 15/6), rät aber zuvor Kohlhaas, ggf. eine Entschuldigung durch die Tronkas anzunehmen. Kohlhaas selbst wartet vergeblich auf eine Entschuldigung des Junkers, die er bereitwillig angenommen hätte. „Der Rosshändler, dessen Wille, durch den Vorfall, der sich auf dem Markt zugetragen, in der Tat gebrochen war, wartete auch nur, dem Rat des Großkanzlers gemäß, auf die Eröffnung von Seiten des Junkers, oder seiner Angehörigen, um ihnen mit völliger Bereitschaft und Vergebung alles Geschehenen, entgegenzukommen“ (S. 71, Z. 19–25).
Die Tronkas sind zu stolz, empfinden diese Entscheidung als Erniedrigung und wenden sich an den Kürfürsten (S. 71, Z. 26–S. 72, Z. 1). Dieser zeigt sich schließlich wohlwollend und entscheidet zugunsten der Ritter.
Durch das Entgegenkommen der Ritter wäre eine Einigung möglich gewesen. Kohlhaas jedoch gerät so unverschuldet in eine äußerst missliche Lage.

In einer folgenden Gruppenarbeitsphase sollen die Lernenden ihre Ergebnisse untereinander austauschen.

- ❒ *Erläutern Sie, worauf sich der plötzliche Stimmungswechsel im Volk gegen Kohlhaas gründet.*

Zum vertiefenden Verständnis dieser Szene kann inhaltlich auf die Entwicklung des bürgerlichen Selbstbewusstseins zurückgegriffen werden. Material dazu bieten der Textband (S. 124ff.) und Baustein 2, Arbeitsblatt 2 (S. 26f.).
In diesem Zusammenhang erhalten die Schülerinnen und Schüler folgenden Arbeitsauftrag:

❒ *Kommentieren Sie unter Einbeziehung des folgenden Zitats die Vorgänge auf dem Marktplatz.*

<u>Zitat</u>:

„Nicht die durch Herkunft und Geblüt ererbten Privilegien machen für den Bürger den Wert des Menschen aus; er entwickelt sein modernes Ich-Bewusstsein als selbstbestimmtes Subjekt aus der Entfaltung seiner intellektuellen, psychischen und physischen Fähigkeiten". (Textausgabe, S. 125, Z. 12–17)

Die missliche Lage, in der Kohlhaas sich befindet, spitzt sich zu, als sein ehemaliger Anhänger Johann Nagelschmidt auftaucht.

6.3 ❒ Johann Nagelschmidt (S. 72, Z. 18–S. 76, Z. 28)

Johann Nagelschmidt, ein ehemaliger Anhänger Kohlhaas', setzt als „Statthalter des Kohlhaas" (S. 72, Z. 34) – wie er sich selbst nennt – die Angriffe fort. Durch diese Vorspiegelung falscher Tatsachen verfolgt er das Ziel, ungehemmt und ungestraft weitere Untaten begehen zu können (S. 72, Z. 35ff.). Die Ritter nutzen das Auftreten Nagelschmidts zu ihren Gunsten und als Sprungbrett für eine neue Kampagne gegen Kohlhaas.
Hier kann die ausweglose Situation Kohlhaas', herbeigeführt durch eindeutiges Machtinteresse der Ritter, noch einmal konkretisiert werden.
Die Aktion der Ritter entbehrt jeglicher sachlich fundierten und rechtlich gesicherten Grundlage. Ihre verbalen Angriffe auf Kohlhaas reichen von Verleumdungen über die Verbreitung von Lügen bis zu Angriffen auf andere Personen, hier des Großkanzlers.
Kohlhaas, der zum Spielball willkürlichen Handelns wird, findet Unterstützung bei dem Prinzen von Meißen. Dieser, der die egoistischen Interessen der Tronkas durchschaut, möchte Kohlhaas, um Sicherheit über den status quo zu erlangen, sofort verhören (vgl. S. 74, Z. 10). Glaubhaft kann Kohlhaas ihm versichern, jeglichen Kontakt mit Nagelschmidt abgebrochen zu haben (vgl. S. 75, Z. 1f.). Auf Veranlassung des Prinzen verfasst Kohlhaas ein Sendschreiben an Nagelschmidt folgenden Inhalts (vgl. S. 75, Z. 13–23):
Es sei dessen Erfindung, in seinem (sc. Kohlhaas') Auftrag zu agieren; seine eigene Rechtssuche sei im Begriff, bestens geregelt zu werden. Eine Verwarnung Nagelschmidts und ein Hinweis auf dessen ungerechtfertigtes Handeln sowie auf eine mögliche Bestrafung durch die Gesetze beenden das Schreiben.
Eindeutig kann Kohlhaas das Handeln Nagelschmidts nicht verantworten, weil es jeder gesetzlichen Grundlage entbehrt; sein eigenes Handeln jedoch hält er für gerecht und geboten.
Schließlich bekräftigt der Prinz das Amnestieversprechen; dieses ist allerdings ausdrücklich an seine Person gebunden (vgl. S. 75, Z. 33f.).

Der Großkanzler, Graf Wrede, erkennt die Gefahr für Kohlhaas und drängt auf ein Ende des Verfahrens (S. 76, Z. 1–5). Doch darauf haben die Ritter nur gewartet. Bewusst stellen sie sich gegen den Grafen und „in Wendungen arglistiger und rabulistischer Art" (S. 76, Z. 9/10) versuchen sie Kohlhaas gänzlich zu schaden.
In arbeitsteiliger Gruppenarbeit kann das Verhalten der Ritter und ihr Machtinteresse mit dem Verhalten Kohlhaas' kontrastiert werden.
Folgende Arbeitsaufträge werden vorgeschlagen:

❒ *Formulieren Sie die wesentlichen Aspekte des Sendschreibens an Nagelschmidt (S. 75, Z. 13–23). Beurteilen Sie die Aussagen Kohlhaas'.*

❒ *Lesen Sie noch einmal die Passagen S. 73, Z. 12–S. 74, Z. 3 und S. 76, Z. 1–28. Erarbeiten Sie die Aktionen und Verhaltensweisen der Ritter.*

Kohlhaas' Versicherung

Er selbst

- hat Nagelschmidt keinen Auftrag, in seinem Sinn zu handeln, erteilt
- genießt vollen Rechtsschutz in Dresden
- sieht, dass seine Rechtssache nach seinen Wünschen geregelt wird
  Abschluss: Verwarnung Nagelschmidts und Hinweis auf sein ungerechtfertigtes Handeln; Hinweis auf mögliche Bestrafung durch die Gesetze

Aktion der Ritter (S. 73, Z. 12ff.)

Hinz von Tronka wiegelt einige Junker und Hofherren auf:

Er

- schürt Misstrauen, indem er Kohlhaas aktives Handeln vorwirft
- bezeichnet die Auflösung des Reiterhaufens in Lützen als eine „verwünschte Spiegelfechterei" (S .73, Z. 34)
- macht sich lustig über die Gerechtigkeitsliebe des Großkanzlers

Aktion der Ritter (S. 76, Z. 10f.)

- die Pferde Kohlhaas' sind auf der Burg durch eigenmächtiges Handeln des Schlossvogtes und des Verwalters zurückgehalten worden
- die Tiere sind bei der Ankunft auf der Burg schon krank gewesen
- Einbringen eines Edikts zum Einfuhrverbot von Pferden nach Sachsen (aufgrund einer Viehseuche vor 12 Jahren). In diesem Sinn habe der Junker sogar die Pflicht gehabt, ein Verbot auszusprechen.

Zusammenfassend kann an dieser Stelle folgender Arbeitsauftrag gestellt werden:

❒ *Vervollständigen Sie anschließend das Charakterbild der Figuren Kohlhaas und der von Tronkas mit den historischen Bildern von Adeligem und Bürger (s. Baustein 2.1).*

Kohlhaas registriert diese Manöver der Ritter voller Argwohn und Misstrauen und stellt schließlich, indem er seine eigene Situation reflektiert, einen Antrag bei dem Großkanzler Wrede, für einen Zeitraum von ungefähr zehn Tagen Dresden verlassen und nach Brandenburg reisen zu dürfen (vgl. S. 77, Z. 10). Auf Anraten des Kanzlers beantragt er Pässe bei dem Prinzen von Meißen.

6.4 ❐ Bruch des Amnestieversprechens
(S. 77, Z. 12 – S. 82, Z. 14)

Kohlhaas' Antrag wird dem Kurfürsten vorgelegt. Da der Prinz verreist sei, habe die Amtsführung Freiherr Siegfried von Wenk (Vetter des gleichnamigen Wenk) übernommen (vgl. S. 77, Z. 31 – 36), wird ihm mitgeteilt.
Kohlhaas wartet 12 Tage vergeblich (S. 78, Z. 17) auf Antwort und bittet „von Neuem in einer dringenden Vorstellung um die erforderten Pässe" (S. 78, Z. 20 – 21). Das wird ihm verweigert. Bereits am folgenden Tag geschieht etwas für Kohlhaas Ungeheuerliches. Er muss feststellen, dass sich Wachen um das „ganze Haus verteilt" (S. 78, Z. 34) haben. Kohlhaas fasst einen Entschluss. Er gönnt der Regierung, die das Amnestieversprechen bricht und ihn offensichtlich als Gefangenen betrachtet, den „Schein der Gerechtigkeit" (S. 79, Z. 12). Er möchte sie gleichsam „überfahren" und bloßstellen und ihr ihre Entscheidung, ihn als Gefangenen zu behandeln, abnötigen (vgl. S. 78, Z. 15f).
Kohlhaas' Absicht ist eine bewusste Provokation. Sein Entschluss resultiert letztlich aus einem moralisch-ethischen Anspruch heraus sowie aus dem Bewusstsein, das Richtige zu tun und sich Gewissheit über seine Situation zu verschaffen.
Kohlhaas verfolgt folgenden Plan:
Er lässt einen Wagen vorfahren, um einen Bekannten im Vorort von Dresden zu besuchen (vgl. S. 78, Z. 21). Dabei wird er bei seinen Aktivitäten aus dem gegenüberliegenden Haus beobachtet. Er verlässt das Haus (vgl. Abmachung mit dem Prinzen von Meißen, S. 80, Z. 23 – 25; S. 79, Z. 35) und besteigt den Wagen. Der „Offiziant" lässt Kohlhaas nicht reisen und verweist auf die Anordnung des Freiherrn von Wenk, der zu diesem Zeitpunkt „Chef der Polizei" (S. 80, Z. 33) ist. Kohlhaas geht, auf Vorschlag des Offizianten, zum Freiherrn von Wenk und erkundigt sich nach seinen Rechten (vgl. S. 80, Z. 39ff.).
Diesen trifft er in ungünstiger Situation an, da er gerade zu diesem Zeitpunkt die Anhänger Nagelschmidts befragt (vgl. S. 81, Z. 4 – 12). Obgleich sich der Freiherr offensichtlich ablehnend zeigt, fragt Kohlhaas dennoch nach, ob er ein Gefangener sei (vgl. 81, Z. 29 – 32). Die Reaktion des Freiherrn gibt Kohlhaas die Gewissheit, dass keine Verbindlichkeit hinsichtlich der Amnestie bestehe. So sieht er sich vom Amnestieversprechen befreit (S. 82, Z. 2f.) und hat sich absolute Sicherheit über seinen „Rechtsstatus" verschafft (vgl. S.82, Z. 7ff.).

Das einzige Rettungsmittel, das ihm noch übrig bleibt, ist die Flucht, ein Ausweg – das wird ihm erst jetzt klar –, den er durch sein provokantes Verhalten erschwert hat (vgl. S. 82, Z. 1f.). An dieser Stelle kann eine Parallele zum ersten Teil der Novellenhandlung gezogen werden (vgl. dazu Baustein 3: „Kohlhaas' Suche nach legalen Lösungsmöglichkeiten"). Ein ähnliches Handlungsmuster begegnet dem Leser, als Lisbeth zum Kurfürsten von Brandenburg reist. Lisbeth wie Kohlhaas werden persönlich vorstellig, um letzte Rechtsgewissheit zu erlangen. Lisbeth wird daran gehindert, die Bittschrift persönlich zu übergeben, und bezahlt für ihren Einsatz mit ihrem Leben. Kohlhaas greift – anders als Lisbeth – zu einem für ihn letzten Mittel: zur Provokation. Die Erfolglosigkeit seines Handelns ist ihm bewusst. Der ursprünglich gefasste Fluchtplan, der durch Lisbeths Tod hinfällig geworden ist, wird jetzt evident, denn die Mittel des Rechtsweges sind ausgeschöpft, eine Verbesserung der bestehenden Ordnung ist gänzlich hinfällig geworden.
Auf der Grundlage der Textpassagen S. 29, Z. 19 – S. 31, Z. 24 und S. 79, Z. 9 – S. 82 können in einem Unterrichtsgespräch Parallelen zwischen dem Handeln Lisbeths und dem Kohlhaas' aufgezeigt werden.

❐ *Vergleichen Sie die Textpassagen S. 29, Z. 19 – S. 31, Z. 24 und S. 79, Z. 9 – S. 82. Welche Parallelen erkennen Sie?*

6.5 ❐ Nagelschmidt-Falle (S. 82, Z. 15 – S. 85, Z. 36)

Nagelschmidt, selbst in Bedrängnis, erfährt von der heiklen Situation Kohlhaas' und bietet ihm seine Hilfe zur Flucht an.

Zufällig wird der Brief, weil der Überbringer einen Krampfanfall bekommt, entdeckt. Kohlhaas soll auf eine Probe gestellt werden und ihm wird der Brief, dessen Inhalt dem sächsischen Hof inzwischen bekannt ist, zugestellt.
Durch die Umstände gezwungen, geht Kohlhaas zum Schein auf Nagelschmidts Angebot ein (S. 84, Z. 25f.). Der Erzählerkommentar deckt die eigentliche Motivation Kohlhaas' auf: Er hat sich überzeugt, „dass nichts auf der Welt ihn aus dem Handel, in dem er verwickelt war, retten konnte" (S. 84, Z. 14–15). Auf der Suche nach einem Ausweg aus dieser ausweglosen Situation greift Kohlhaas zum letzten Mittel. Er schreibt einen Antwortbrief an Nagelschmidt.

Kohlhaas scheitert auch hier, weil wieder einmal zufällig der Brief Nagelschmidts an Kohlhaas in die Hände der Ritter gelangt und Kohlhaas damit in eine Falle geraten war. Nach Entdeckung des Antwortbriefes erfolgt seine Verhaftung.
Die Schüler bekommen zunächst folgenden Auftrag:

❒ *Lesen Sie noch einmal den Text S. 84, Z. 25f. und notieren Sie die Forderungen des Antwortbriefes.*

Folgende Ergebnissicherung könnte sich ergeben:

Kohlhaas' Antwortbrief an Nagelschmidt

- Zusicherung, die Führung zu übernehmen
- Forderung eines Fluchtwagens
- Forderung eines weiteren Gespanns
- Anforderung von Knechten als Fluchthelfer, falls Bestechung nicht möglich
- Forderung eines bestimmten Geldbetrages
- Verzicht auf die Anwesenheit Nagelschmidts beim Befreiungsversuch in Dresden

Die wahren/eigentlichen Beweggründe Kohlhaas' für diese Entscheidung finden ihren Ursprung im Bewusstsein der Ausweglosigkeit, im Selbsterhaltungstrieb.
Diese Situation können die Schülerinnen und Schüler nachempfinden, indem sie sich in die Lage Kohlhaas' versetzen.
Folgender Arbeitsauftrag ist denkbar:

❒ *Schreiben Sie aus der Sicht Kohlhaas' einen zweiten Brief an einen fiktiven Freund, in dem Sie die wahren Gründe/Motive für die Flucht aufzeigen (S. 85, Z. 13ff.).*

❒ *Berücksichtigen Sie dabei auch Kohlhaas' ursprünglichen Plan zur Flucht (s. Baustein 3).*

Die Schülerinnen und Schüler werden vermutlich Kohlhaas' Resignation als Ausgangspunkt für seine Entscheidung in den Vordergrund stellen.
Der Plan hätte wahrscheinlich realisiert werden können, wenn der Brief nicht zufällig in die Hände der Ritter geraten wäre.
Der Zufall spielt in der Novelle eine nicht unbedeutende Rolle. An entscheidenden Stellen beeinflusst er den Handlungsverlauf, z.B. verhindert ein plötzliches Unwetter den Angriff auf das Kloster Erlabrunn, zufällig gerät der Brief Nagelschmidts in feindliche Hände, zufällig trifft Kohlhaas auf seiner Reise nach Berlin den Kurfürsten von Sachsen etc.
An dieser Stelle könnte durch ein Schülerreferat wie auch durch häusliche Vorbereitung die Bedeutung des Zufalls in der Novelle anhand ausgewählter Textpassagen vorgestellt werden.

Baustein 7

Ereignisse in Brandenburg
(S. 85, Z. 37–S. 115, Z. 22)

Im Vordergrund dieses Abschnittes, der gleichzeitig der Schlussteil der Novelle ist, steht die Geschichte mit der Zigeunerin.
Das Auftreten der Zigeunerin an dieser Stelle hat in der Forschung zu kontroversen Diskussionen geführt. Sicher werden auch die Schülerinnen und Schüler hier eher märchenhafte Züge entdecken als eine – wie angekündigt – Darstellung im Chronikstil.
Schwerpunktmäßig geht es in diesem Baustein um die Bedeutung des Amuletts. Dabei erscheint es unerlässlich, vor dem Hintergrund der Gattung „Novelle“ die Bedeutung des zentralen Begriffs „Dingsymbol“ bzw. „Falke“ zu erschließen. Material hierzu steht in der Textausgabe (S. 154–161) zur Verfügung. Nach den Vorkenntnissen der Schülerinnen und Schüler über die Gattung Novelle richtet sich die Ausführlichkeit der Behandlung der Gattungsmerkmale. Die Erarbeitung erfolgt hier nur so weit, wie sie zum Verständnis des Sachverhalts notwendig ist.
Ein Exkurs über die Erzähltechnik der Novelle schließt sich an.
Die Funktion und Bedeutung der Zigeuner (als Motiv in der Literatur) kann an entsprechender Stelle im unterrichtlichen Zusammenhang durch ein Schülerreferat unterstützt und vertieft werden. Grundlage dafür bietet das Zusatzmaterial 17.

7.1 ❒ Das Amulett der Zigeunerin

Der Kurfürst von Brandenburg fordert die Auslieferung Kohlhaas', entlässt den Erzkanzler von Kallheim aufgrund verwandtschaftlicher Beziehungen mit den von Tronkas und setzt Heinrich von Geusau ein, von dem er Informationen über die Unziemlichkeiten des Erzkanzlers erhalten hat. Das Verhalten des brandenburgischen Kurfürsten wirft ein positives Licht auf den brandenburgischen Hof insgesamt.
Die politischen Umstände sind für Brandenburg günstig. Sachsen ist auf die Hilfe Brandenburgs angewiesen. Daher sieht die Regierung sich gezwungen, Kohlhaas auszuliefern, der Forderung des brandenburgischen Kurfürsten nachzugeben und darüber hinaus einem brandenburgischen Anwalt, der die Sache Kohlhaas' vor Gericht vertreten soll, Pässe auszustellen. Brandenburg will Kohlhaas vor Gericht wegen der in Sachsen verübten Untaten verklagen und betraut den Prinzen von Meißen mit dieser Sache.
In Sachsen ergibt sich das Problem der Klageerhebung: Gründe dafür liegen in den unklaren Umständen, unter denen der Brief an Nagelschmidt geschrieben worden ist, und in dem Bruch des Amnestieversprechens. Damit liegt die Zweifelhaftigkeit des Todesurteils gegen Kohlhaas auf der Hand. Aus dieser misslichen Lage befreit sich der sächsische Hof, indem er Anzeige beim Kaiser erstattet. Kohlhaas wird nach Berlin gebracht.
Das Handlungsgeschehen wird durch das Eingreifen der Zigeunerin maßgeblich beeinflusst. Zweimal greift sie entscheidend in das Geschehen ein: Zunächst begegnet sie Kohlhaas und dem Kurfürsten auf dem Jahrmarkt. Später nimmt sie im Auftrag des Kurfürsten Kontakt zu Kohlhaas auf, der kurz vor seiner Hinrichtung steht. Sie stellt sich – entgegen ihrem Auftrag – auf die Seite Kohlhaas' und warnt ihn vor den beabsichtigten Zudringlichkeiten des Kurfürsten, der unbedingt in den Besitz der Kapsel gelangen will. Kohlhaas entdeckt an dieser Zigeunerin Ähnlichkeiten mit seiner Frau Lisbeth.

Die Geschichte des Amuletts wird dem Leser zweimal erzählt: durch Kohlhaas selbst, der sich im Besitz des Amuletts befindet (vgl. S. 91, Z. 14–S. 92, Z. 36), und durch den Kurfürsten von Sachsen, der in den Besitz der Kapsel (unter allen Umständen) gelangen möchte (vgl. S. 101, Z. 2–S. 104, Z. 14). Über die weit reichende Bedeutung des Amuletts für Kohlhaas selbst informiert der Erzähler den Leser wenig später: Kurz vor dessen Hinrich-

tung nimmt die Zigeunerin im Auftrag des Kurfürsten Kontakt zu Kohlhaas auf. Entgegen ihrem Auftrag warnt sie Kohlhaas vor den beabsichtigten Zudringlichkeiten des Kurfürsten, der unbedingt in den Besitz der Kapsel gelangen will (vgl. S. 107, Z. 37 – S. 109, Z. 34).
Für Kohlhaas und den Kurfürsten hat das Amulett jeweils grundsätzlich andere Bedeutung. Für Kohlhaas ist es zunächst Garant seines Lebens: „Ein Amulett, Kohlhaas [...] verwahr es wohl, es wird dir dereinst das Leben retten" (S. 92, Z. 30 – 32). Der Inhalt und die weitere Bedeutung dieser geheimnisvollen Botschaft, sich um den Preis seines Lebens am Kurfürsten zu rächen „und so seine Menschenwürde als autonomes Individuum wieder herzustellen"[1], sind ihm zu diesem Zeitpunkt noch unbekannt. Erst später manifestiert sich in ihm das Gefühl für die Wirkung der Rache; es erweist sich stärker als seine Aussicht auf Leben. In diesem Sinn antwortet Kohlhaas dem Kurfürsten: „Du kannst mich auf das Schafott bringen, ich aber kann dir wehtun, und ich will's" (S. 96, Z. 25 – 26).

Für den Kurfürsten bedeutet das Amulett Gefahr für seine Dynastie, Gewissheit seines Machtverlustes und damit das Ende seiner Herrschaft. Die magische Kraft der Zigeunerin erfährt der Kurfürst als ungebrochen, als der Rehbock als „Zeichen" (S. 101, Z. 21) für die Wahrheit der Zukunftsdeutung wieder auftaucht. Aufgrund dieser Begegnung gewinnt die Prophezeiung der Zigeunerin, „den Namen des letzen Regenten deines Hauses, die Jahreszahl, da er sein Reich verlieren und den Namen dessen, der es, durch die Gewalt der Waffen, an sich reißen wird" (S. 103, Z. 5 – 8) zu kennen, absolute Glaubwürdigkeit. Konkrete Namen und eine konkrete Jahreszahl erfährt der Kurfürst jedoch nicht. Vor diesem Hintergrund erklären sich die letztlich egoistischen Interessen des Kurfürsten, Kohlhaas das Leben zu retten. Die Bedeutung der Kapsel für Kohlhaas und den Kurfürsten sollte auf der Basis der drei Textpassagen ermittelt werden.
Nach einer Stillarbeitsphase oder Partnerarbeit werden die Fakten im anschließenden Unterrichtsgespräch diskutiert und an der Tafel verschriftlicht.

- *Tragen Sie die Aspekte zusammen, die Kohlhaas über den Erwerb der Kapsel anführt (S. 91, Z. 14 – S. 92, Z. 36).*
- *Notieren Sie die Mitteilung der Zigeunerin an den Kurfürsten (S. 103, Z. 5 – 8).*
- *Welche Bedeutung hat der Besitz der Kapsel für Kohlhaas und für den Kurfürsten?*

Bedeutung des Amuletts für Kohlhaas	**Bedeutung des Amuletts für den Kurfürsten**
Kohlhaas	Das Amulett enthält
• weiß um die lebensrettende Funktion des Amuletts • erhält Macht über den Kurfürsten • kann seine Menschenwürde wieder herstellen	• den Namen des letzten Regenten des Hauses Sachsen • die Jahreszahl, zu der der Kurfürst sein Reich verlieren wird • den Namen dessen, der es an sich reißen wird
⇨ **Machtgewinn**	⇨ **Machtverlust**

Die Bedeutung des Amuletts und auch der Rappen als Dingsymbol wird im Folgenden näher betrachtet.
Das Auftauchen der Zigeunerin mag bisher Fragen aufgeworfen haben. Durch ein Schülerreferat kann ihre Funktion und Bedeutung für das Handlungsgeschehen beleuchtet werden. Zusatzmaterial 16 bietet dazu eine Textgrundlage.

[1] Fischer-Lichte (1991), S. 60

7.2 ❐ Zur Definition der Novelle

Im Folgenden geht es um Hintergrundinformationen zur Entwicklung und zu Gattungsmerkmalen der Novelle. Zentrale Begrifflichkeiten wie das „Dingsymbol" oder auch der „Falke" werden erschlossen. Dabei wird auf das Vorbild für viele spätere Novellen zurückgegriffen: „Die Falkennovelle" von Boccaccio. Verdeutlicht werden soll dabei, dass das einer Novelle innewohnende Dingsymbol das Geschehen beeinflusst, ihm eine Wendung gibt. Der Text auf den Seiten 154–161 der Textausgabe dient als Grundlage für die Erschließung der Gattungsmerkmale.

❐ *Lesen Sie den Text zur Theorie der Novelle auf S. 154–S. 161 in der Textausgabe. Erarbeiten Sie stichwortartig die wichtigsten Merkmale einer Novelle.*

❐ *Begründen Sie anschließend, inwieweit die hier angesprochenen Merkmale auf „Michael Kohlhaas" zutreffen.*

Je nach unterrichtlichen Voraussetzungen können die Gattungsmerkmale einer Novelle in Stillarbeit erarbeitet und im anschließenden Unterrichtsgespräch zusammengetragen und an der Tafel verschriftlicht oder wiederholend durch ein Schülerreferat auf Folie präsentiert werden.

Folgendes Tafelbild wird vorgeschlagen:

Gattungsmerkmale einer Novelle

Novella (ital.): „interessante Neuigkeit"

- eine „unerhörte Begebenheit" (Goethe)
- Schicksal eines Menschen in einer inneren oder äußeren Krise, die eine plötzliche Wende nimmt
- Schwerpunkt liegt auf der Handlung
- Handlung bezieht sich oft auf ein „Dingsymbol"
- Handlung verläuft knapp und straff auf den Höhe- oder Wendepunkt zu
- ...

Eine Überprüfung, inwieweit Michael Kohlhaas diese Gattungsmerkmale einlöst, bietet sich gegen Ende des Unterrichtsvorhabens an.
Dabei wird deutlich, dass bestimmte Merkmale wiederzufinden sind:

„Michael Kohlhaas" – eine Novelle?

- Ausschnitt aus dem Leben eines Menschen
- Schicksalswende: Aus einem überaus tugendhaften Menschen wird ein rasender Mordbrenner
- Erzählung eines außergewöhnlichen Ereignisses
- (teilweise) Michael Kohlhaas wird interessant durch das, was ihm widerfährt, und durch seine Reaktion darauf
- Wiedergabe von Ereignissen im Stil des Berichts; dem Chronikstil entsprechend exakte Nennung von Namenszügen; wörtliche Wiedergabe von Dialogen etc.; Amulett der Zigeunerin; Innenschau Kohlhaas'
- keine Nebenhandlungen
- weist Dingsymbole auf (Rappen, Amulett)

Ausgehend von der Falkennovelle Boccaccios (Textausgabe S. 154–159) können die gattungsspezifische Bedeutung des Amuletts und seine Funktion als „Dingsymbol“ bestimmt werden. Entscheidend ist, dass das Dingsymbol in der Passivität verbleibt und dennoch das Geschehen in dem einen oder anderen Sinn beeinflusst.

In ähnlicher Weise wie das Amulett fungieren die Rappen als Dingsymbol. Sie sichern Kohlhaas’ Existenz, solange er über sie verfügen kann. Gleichzeitig sichern sie ihm einen gewissen Status als Bürger und prägen sein gesellschaftliches Ansehen.

Die unrechtmäßige Inpfandnahme der Pferde durch die Ritter setzt die weitere Handlung in Gang und steuert zielgerade auf den Höhe- und Wendepunkt in Kohlhaas’ Leben zu. Befinden sich die Rappen im Besitz der Tronkas, bedeutet diese Tatsache für Kohlhaas eine existenzielle Bedrohung. Schließlich hat er auch das Volk gegen sich, als die Pferde abgemagert, halb verhungert und völlig kraftlos als „Streitobjekt“ auf dem Marktplatz vorgeführt werden. Kohlhaas’ Selbstverständnis, sein Stolz und seine Würde legitimieren sich durch die vollkommene Beschaffenheit der Pferde, ihren einwandfreien Zustand. Indem er auf illegale Weise seiner Existenzgrundlage beraubt und in seinen Rechten übergangen wird, entzieht man ihm die Basis seines gesamten Selbstverständnisses.

Durch den Besitz des Amuletts befindet sich Kohlhaas in der Machtposition und kann nun seinerseits dem Kurfürsten psychischen und physischen Schaden zufügen. Als er kurz vor seiner Hinrichtung den Kurfürsten erkennt, öffnet er die Kapsel, liest den Zettel und verschluckt ihn. So tritt Kohlhaas im Bewusstsein seiner Macht über den Kurfürsten und im Bewusstsein, Recht und Gerechtigkeit erlangt zu haben, seine Strafe an.

Die Umkehrung dieser Verhältnisse lässt sich anhand der beiden Symbole grafisch gestalten. In Partnerarbeit kann deren Bedeutung herausgestellt werden.

Folgender Arbeitsauftrag wird vorgeschlagen:

- ❒ *Ermitteln Sie die Bedeutung des Amuletts für den Handlungszusammenhang der Novelle.*
- ❒ *Ermitteln Sie die Bedeutung der Rappen für den Handlungszusammenhang der Novelle.*

Folgende Grafik wird als Ergebnissicherung vorgeschlagen:

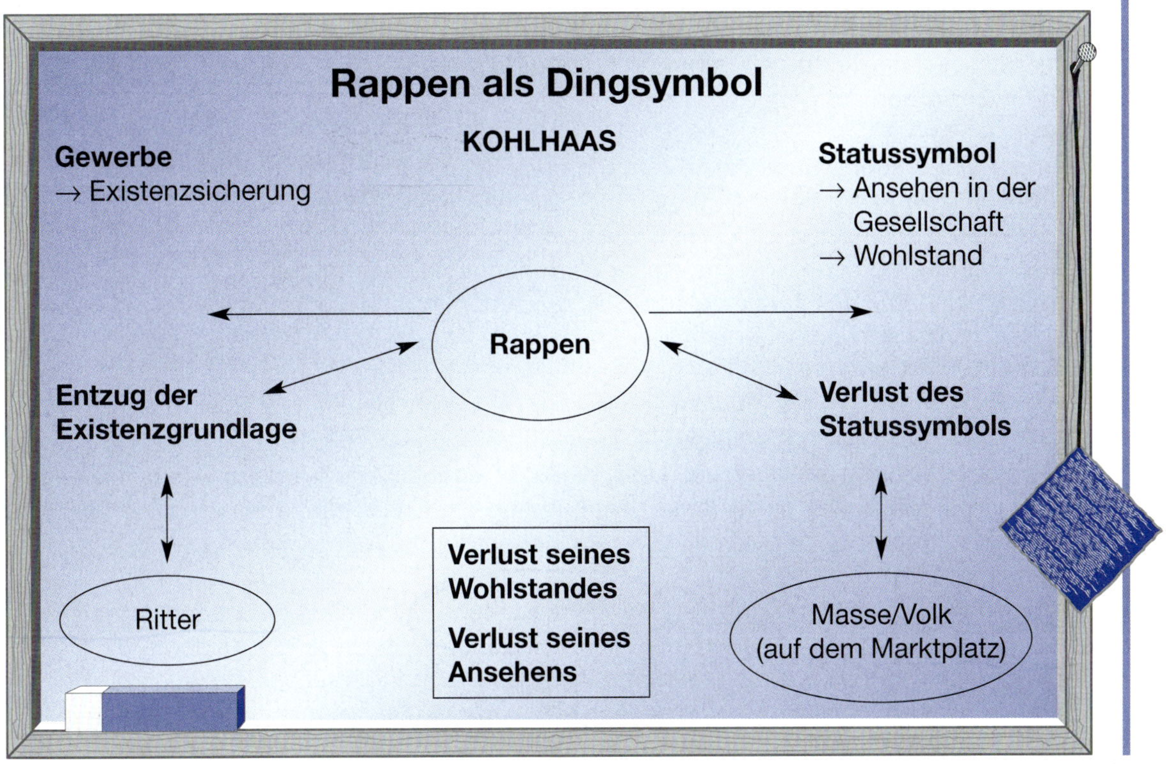

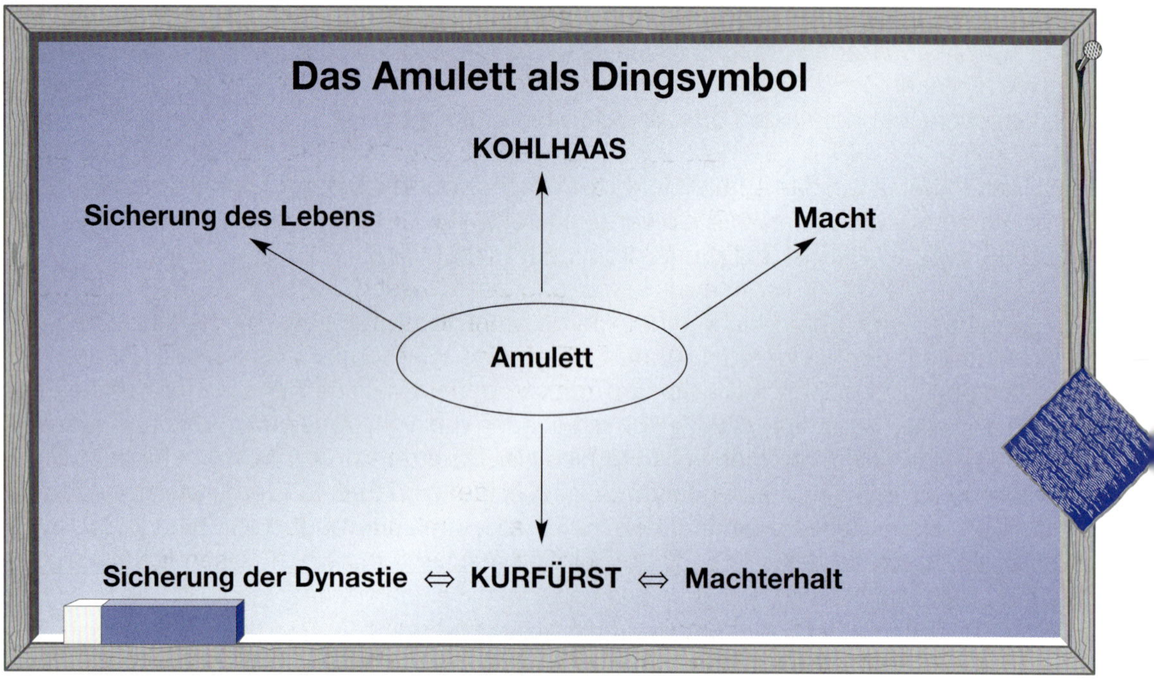

Zu diesem Zeitpunkt ist die Erarbeitung der Novellenhandlung so weit fortgeschritten, dass die Erzähltechnik in den Blick rücken kann.

7.3 ❒ Erzähltechnik – Erzählstrategie

Ziel dieser Sequenz ist die Vermittlung eines Überblicks über die Erzähltechnik. Bevor sie in den Blick rückt, sollte noch einmal auf den Unterschied zwischen Autor und Erzähler hingewiesen werden.
Erzähltechnische Mittel können an dieser Stelle wiederholt, vertieft bzw. eingeführt werden. Einen Überblick über die Grundbegriffe der Erzähltechnik verschafft Arbeitsblatt 7 (S. 71). Ausgehend vom Primärtext sollen die Schülerinnen und Schüler anschließend anhand ausgewählter Textstellen die jeweilige Haltung des Erzählers bestimmen. Mithilfe von Arbeitsblatt 8 (S. 72) kann die auktoriale Erzählhaltung exemplarisch vermittelt werden.
Die im Folgenden (S. 69 – 70) einzelnen Oberbegriffen zugeordneten Textverweise erleichtern nicht nur die Textarbeit, sondern auch die Zuordnung zu weiteren Erzählhaltungen, Erzählweisen und zur Zeitgestaltung.

Der Erzähler erhebt grundsätzlich – im Sinn des Chronikstils – Anspruch auf Authentizität, auf historische Wahrheitsvermittlung und Sachinformation. Dies zeigt sich z. B. an präzisen geografischen Angaben (Orte, Flüsse), an korrekter Namensgebung, an der ausführlichen Darstellung verwandtschaftlicher Beziehungen. Die wörtliche Widergabe von Dialogen lässt keinen Zweifel an einer wahrheitsgetreuen Darstellung aufkommen.
Die Geschichte mit der Zigeunerin allerdings erscheint dem Erzähler selbst zweifelhaft, „und wie denn die Wahrscheinlichkeit nicht immer auf Seiten der Wahrheit ist, so traf es sich, dass hier etwas geschehen war, das wir zwar berichten: die Freiheit aber, daran zu zweifeln, demjenigen, dem es wohlgefällt, zugestehen müssen“ (S. 107, Z. 18 – 22). In Bezug auf die Abreise des Kurfürsten heißt es: „Wohin er eigentlich ging, und ob er sich nach Dessau wandte, lassen wir dahingestellt sein, indem die Chroniken, aus deren Vergleichung wir Bericht erstatten, an dieser Stelle, auf befremdende Weise, einander widersprechen und aufheben“ (S. 111, Z. 3 – 7).
Daneben wird der Leser durch den Erzählerkommentar einerseits in eine bestimmte Richtung gelenkt, d. h. für eine bestimmte Lesart eingenommen, andererseits aber überlässt es der Erzähler dem Leser, eine bestimmte Perspektive und Sichtweise einzunehmen.
So empfindet der Leser zu Beginn der Novelle eindeutig Sympathie für Kohlhaas und wendet sich gegen die Willkürhandlungen der Ritter. Für diese Sicht sorgt die auktoriale Per-

spektive des Erzählers, er spricht z. B. von „ungesetzlichen Erpressungen“ (S. 7, Z. 17), nennt „unverschämte Forderungen“ (S.7, Z. 32), „Gewalttätigkeit“ (S. 10, Z. 5), „allgemeine Not der Welt“ (S. 10, Z. 30). Kohlhaas will den „Unordnungen“ (S. 19, Z. 32) Einhalt gebieten. Die Wertungen des Erzählers ändern sich in dem Maß, in dem Kohlhaas' Rache fortschreitet. Er übt Rache „kraft der ihm angeborenen Macht“ (S. 32, Z. 14f.) und beruft sich damit auf das Naturrecht. Der Erzähler spricht vom „Engel des Gerichts“, der vom Himmel herabfährt (S. 33, Z. 13), von „jämmerlichen Geschäften“ (S. 36, Z. 13), von „krankhafter Schwärmerei“ (S. 38, Z. 10) und von Mordbrennerei (S. 4 1, Z. 7). Aufs schärfste verurteilt der Erzähler die Aktionen Kohlhaas' und beeinflusst damit den Leser. „In der wechselseitigen Parteinahme erweist sich die Chronistenstimme als systemkonforme, die zugleich an der Korruption teilhat und die Ereignisse gegen die öffentliche Ordnung sprechen lässt.“[1] Aus der Sicht der Öffentlichkeit vermittelt der Erzähler Kritik am Handeln Kohlhaas': „Dieser Vorfall, so wenig der Rosshändler ihn in der Tat verschuldet hatte, erweckte gleichwohl, auch bei den Gemäßigtern und Besseren, eine, dem Ausgang seiner Streitsache höchst gefährliche Stimmung im Lande“ (S. 70, Z. 22f.). Die Öffentlichkeit bezeichne Kohlhaas' „Verhältnis [...] zum Staat“ als „ganz unerträglich“ (S. 70, Z. 26) und er agiere „in einer so nichtigen Sache, zur bloßen Befriedigung seines rasenden Starrsinns“ (S. 70, Z. 31f.).

Die Position, die der Erzähler einnimmt, ist also zweideutig. Sofern sich Kohlhaas mit seinem Gerechtigkeitsstreben innerhalb des positiven Rechts bewegt, findet er die Zustimmung des Erzählers. Überschreitet er jedoch die Grenzen und bewegt sich auf der Zielgeraden des Naturrechts, äußert sich der Erzähler verachtend über Kohlhaas Aktionen. Gleichzeitig fungiert der Erzähler als Sprachrohr der Öffentlichkeit und betont das Verlangen der Masse. Gemäß der öffentlichen Meinung – so der Erzähler – sei es besser, „ein offenbares Unrecht an ihm zu verüben, und die ganze Sache von Neuem niederzuschlagen, als ihm Gerechtigkeit, durch Gewalttaten ertrotzt, in einer so nichtigen Sache, zur bloßen Befriedigung seines rasenden Starrsinns, zukommen zu lassen“ (S. 70, Z. 29 – 33). Die Dialektik des Terrors lenkt den Leser in die eine oder andere Richtung.

Die Erzählstrategie und der Erzählerkommentar können von den Schülerinnen und Schülern in Form von differenzierter Gruppenarbeit bzw. Partnerarbeit erschlossen werden.

Im Sinne des Chronistenstils werden Fakten und historische Wahrheiten vermittelt:

Namen und Personen:
S. 13, Z. 1; S. 21, Z. 6f.; S. 21, Z. 19f.; S. 23, Z. 13, 28f.; S. 35, Z. 19f.; S. 41, Z. 22f.; S. 45, Z. 28; S. 63, Z. 33; S. 77, Z. 32.

Orte:
S. 5, Z. 1ff; S. 5, Z. 23 – 24; S. 13, Z. 30; S. 35, 17f.; S. 44, Z. 10; S. 44, Z. 22.

Dialoge/Sendschreiben:
S. 15, Z. 21 – S. 19, Z. 23; S. 48, Z. 20ff.; S. 58, Z. 7f.; S. 60, Z. 15f...,
S. 46, Z. 1ff.

Auktoriale Erzählhaltung/Leserlenkung:

Parteinahme für Kohlhaas:
S. 13, Z. 8f.; S. 19, Z. 27; S. 20, Z. 11; S. 22, Z. 18.

Verurteilung der Kohlhaasischen Mandate:
S. 33, Z. 13; S. 38, Z. 10; S. 39, Z. 2, Z. 17; S. 40, Z. 1f., 11f.; S. 41, Z. 7; S. 42, Z. 14f., 30; S. 44, Z. 28; S. 45, Z. 33f.; S. 59, Z. 16; S. 62, Z. 21.

Kohlhaas' Empfindungen, Gedanken:
S. 11, Z. 25, 17; S. 24, Z. 15, 28f.; S. 31, Z. 24f.; S. 32, Z. 14f.; S. 37, Z. 15f; S. 38, Z. 33; S. 44, Z. 18f.; S. 47, Z. 32f.; S. 51, Z. 8f.; S. 77, Z. 1; S. 78, Z. 21; S. 79, Z. 8f.; S. 81, Z. 37f.; S. 82, 17.

[1] Ratmanko (2003), S. 222

S. 10 Z. 13/14

Hinweis auf Zukünftiges:
S. 11, Z. 9; S. 23, Z. 32; S. 30, Z. 13; S. 43, Z. 15; S. 63, Z. 32f.; S. 70, Z. 18ff.; S. 72, Z. 18f.

S. 15 Z. 24/26

Gestik, Mimik:
S. 19, Z. 3; S. 48, Z. 1; S. 56, Z. 27; S. 57, Z. 2; S. 60, Z. 17; S. 67, Z. 19; S. 68, Z. 28; S. 78, Z. 39; S. 80, Z. 40; S. 81, Z. 33; S. 90, Z. 30.

Durchbrechung des Chronikstils: S. 105 Z. 10-14
S. 107, Z. 18–22; S. 107, Z. 22–26; S. 111, Z. 3–7.

- ❒ *Erarbeiten Sie anhand der ausgewählten Textstellen die Haltung bzw. Perspektive, die der Erzähler jeweils einnimmt. Welche Wirkung wird auf diese Weise erzeugt?*

- ❒ *Lesen Sie die Definitionen zu den unterschiedlichen Erzählsituationen und entscheiden Sie, welche Erzählsituation vorliegt. Stellen Sie Vermutungen darüber an, warum der Autor für seine Novelle diese Erzählsituation gewählt hat.*

Der Zeitraum, den die Erzählung umfasst, lässt sich aufgrund der wenig konkreten Angaben nur ungefähr ermitteln. Eine grundlegende zeitliche Verortung findet sich in der Einleitung zur Novelle S. 5, Z. 1: „In der Mitte des 16. Jahrhunderts". Das gesamte Handlungsgeschehen spielt sich wahrscheinlich innerhalb eines Zeitraumes von mehreren Monaten ab.
Die unrechtmäßige Inpfandnahme der Rappen und deren Missbrauch fällt in die Erntezeit (vgl. S. 11, Z. 21), etwa in die Monate August/September. Kohlhaas bemüht sich um sein Recht, „gleichwohl vergingen Monate, das Jahr war daran, abzuschließen" (S. 20, Z. 31), als er schließlich auf eigene Nachfrage eine enttäuschende Nachricht aus Sachsen erhält. Vergangen sind bisher ca. vier bis fünf Monate.
Kohlhaas Bemühungen um Rechtsprechung ziehen sich bis in das darauf folgende Jahr. Ungenaue Zeitangaben dokumentieren den Handlungsablauf, z. B.: „in wenigen Wochen" (S. 23, Z. 11), „den nächsten Mond" (S. 23, Z. 22), „binnen vier Wochen" (S. 26, Z. 13). Exemplarisch können weitere Belege angeführt werden:
S. 28, Z. 20; S. 30, Z. 14; S. 32, Z. 16; S. 77, Z. 10; S. 77, Z. 30; S. 78, Z. 10f.; S. 79, Z. 10.
Erst im Gespräch mit dem Kurfürsten von Sachsen, der zur Hirschjagd eingeladen worden ist und zufällig Kohlhaas auf seiner Reise nach Berlin begegnet, erfährt der Leser etwas über den Zeitpunkt von Lisbeths Tod: „Sieben Monden mögen es etwa sein, genau am Tage nach dem Begräbnis meiner Frau" (S. 91, Z. 23f.) traf er auf dem Weg zur Tronkenburg die Zigeunerin. Nach dem Tod seiner Frau hat Kohlhaas ein Ultimatum gestellt und dann die Tronkenburg angegriffen. Datiert man die Jagd auf den Monat Januar, dann ergibt sich der Monat Juni als vermutliches Todesdatum. Diese Zeitangabe wird unterstützt durch den Hinweis auf den 19. Juni, als der Landvogt dem Wüten Kohlhaas' Einhalt gebieten will.
Die letzte konkrete Zeitangabe bezieht sich auf das Datum der Hinrichtung, „auf den Montag nach Plamarum" (S. 110, Z. 33). Datiert man das Osterfest auf die Monate März/April, hat Kohlhaas noch ca. drei Monate auf seine Hinrichtung gewartet. Damit ergibt sich insgesamt ein Zeitraum für die Erzählung von ungefähr 19 bis 20 Monaten.

- ❒ *Ermitteln Sie anhand der angegebenen Stellen die Zeitgestaltung in der Novelle: S. 5, Z. 1; S. 11, Z. 21; S. 20, Z. 31; S. 91, Z. 23f.; S. 110, Z. 33.*

Sicherlich werden die Schülerinnen und Schüler nach möglichen Gründen für die gewählte Erzähltechnik forschen. Der Auszug aus den Briefen Kleists über die Zensur in Preußen (Zusatzmaterial 18) verweist auf dessen Schwierigkeiten mit der Zensurbehörde.

Notizen

Grundbegriffe der Erzähltechnik

Einem Autor steht eine Vielfalt von Möglichkeiten zur Verfügung, wie er mit seinem epischen Text verfährt. Er entscheidet darüber, wie er den Text erzählen lässt, wer ihn erzählt oder wie er die Zeit vergehen lässt. Im Folgenden sind einige der wichtigsten Begriffe, die in diesem Zusammenhang eine Rolle spielen, aufgeführt.

Erzählsituation/Erzählhaltung

auktoriale Erzählsituation	Der Erzähler ist allwissend; er greift ein, ordnet, kommentiert, bewertet das Geschehen oder die Personen, er kann zurückblicken, vorgreifen, zusammenfassen. Er nimmt zum Geschehen Stellung.
personale Erzählsituation	Der Erzähler gibt das Geschehen aus der Perspektive einer am Geschehen beteiligten Person wieder, er vermittelt dem Leser nur das, was diese Person denkt, fühlt, erlebt. Geschrieben in „ich“, „er“-oder „sie“-Form.
neutrale Erzählsituation	Der Erzähler ist nicht identifizierbar, er enthält sich jeder Art von Kommentar dem Geschehen gegenüber, erzählt werden nur die Tatsachen auf möglichst „objektive“ Art.

Erzählweisen

berichtendes Erzählen	Der Erzähler berichtet aus einer Beobachterposition das Geschehen. Das kann er sachlich, spannend, ironisch oder distanziert machen, er bleibt aber in der Position des Berichtenden.
szenisches Erzählen	Im Mittelpunkt der Darstellung stehen Dialoge der am Geschehen beteiligten Personen, der Erzähler tritt in den Hintergrund.
erlebte Rede	Gedanken und Gefühle werden in der 3. Person Singular wiedergegeben.

Zeitgestaltung

Erzählzeit	Die Zeit, die für das Erzählen benötigt wird, also auch die Zeit, die der Leser braucht, um den Text zu lesen.
erzählte Zeit	Die Zeit, über die erzählt wird, Zeitraum, den die Erzählung umfasst.
Zeitraffung	Längere Zeiträume werden zusammengefasst, die erzählte Zeit ist also viel länger als die Erzählzeit.
Zeitdehnung	Das Geschehen ist in der Erzählung länger dargestellt, als es in der Realität abläuft. Die Erzählzeit ist also länger als die erzählte Zeit (meist durch ausführliches Beschreiben von Gedanken, Umfeld oder Parallelhandlungen).
Zeitdeckung	Erzählzeit und erzählte Zeit stimmen überein. Das ist z. B. beim szenischen Erzählen der Fall.

Erzählerkommentar

Ort/Handlungen		Kommentar
Tronkenburg	→	
Erlabrunn	→	
Wittenberg	→	
Leipzig	→	

❐ *Ordnen Sie den Orten entsprechende Erzählerkommentare zu (S. 35–44). Geben Sie jeweils die Fundstelle an.*

Erzählerkommentar
(Lösung)

Ort/Handlungen	Kommentar
Tronkenburg →	S. 35, Z. 14f. S. 36, Z. 12f.
Erlabrunn →	S. 37, Z. 15f.
Wittenberg →	S. 38, Z. 9f. S. 38, Z. 33 S. 39, Z. 2 S. 39, Z. 17 S. 40, Z. 32
Leipzig →	S. 44, Z. 28f.

❐ *Ordnen Sie den Orten entsprechende Erzählerkommentare zu (S. 35 – 44). Geben Sie jeweils die Fundstelle an.*

Baustein 8 Rezeptionsgeschichte

Michael Kohlhaas gilt, wie z. B. Faust, Prometheus, Don Quichote oder Till Eulenspiegel, als literarische Symbolfigur.[1] Fundamentale Haltungen und Wesenszüge eines Menschen werden durch diese Figuren verkörpert.

Kohlhaas, ein Mensch, der innerhalb eines Gesellschaftssystems das Absolute will, der um sein Recht kämpft, das ihm jedoch versagt wird, Kohlhaas, ein Opfer von Korruption und Willkür, gilt als Gestalt, die über Jahrzehnte – je nach Epoche – unterschiedliche Interpretationen erlebt hat. Das Spektrum reicht hier vom Helden bis zum Terroristen. Dafür ist nicht nur der Zeitgeist der Epochen, sondern auch der Facettenreichtum der Figuren verantwortlich. „Entscheidend ist aber wohl, dass Kleist in dieser Geschichte einen Grundmythos gestaltet hat [...], nämlich den Versuch des Menschen, im Bedingten das Absolute zu verwirklichen – mit all den Konsequenzen, die das mit sich bringt. Dieser Grundmythos hat die Rezeptionsgeschichte bestimmt. Sie schwankt zwischen erschrockener Ablehnung und vorbehaltloser Zustimmung. Die Ausschläge nach der einen oder der anderen Seite zeigen fast seismographisch an, welches politische Klima jeweils im Lande geherrscht hat."[2]

Fünf Phasen der Rezeption werden unterschieden. War die erste Phase (1810 – 1871) noch geprägt von einer kritischen Distanz gegenüber der konstruierten Welt Kleists, wurde die Gestalt des Kohlhaas in der zweiten Rezeptionsphase (1871 – 1918) in der Wilhelminischen Ära heroisiert. Die zunehmende Aktualität Kleists war verbunden mit dem Regierungsantritt Wilhelm II. (1888). Besonders der Jurist R. v. Ihering rechtfertigt in seinem Buch „Der Kampf ums Recht" (1874)[3] die Taten Kohlhaas' und macht ihn zum Helden, weil er davon ausgeht, das Leben des Rechts sei der Kampf und alles Recht in der Welt müsse erstritten werden.

Mit der Zeit der Weimarer Republik fällt die dritte Rezeptionsphase zusammen (1918 – 1933). „Als deutscher Held war er (sc. Kohlhaas) dazu ausersehen, weiter gegen den Erbfeind und für das deutsche Wesen zu kämpfen. Denn die tonangebenden Schichten in Staat und Gesellschaft akzeptierten weder den Kriegsverlust noch die Demokratie. Sie verglichen ihre historische Situation mit der Preussens nach 1806 und füllten das ideologische Vakuum, das das Ende der Monarchie hinterlassen hatte, mit den alten Werten: Vaterland, Nation, Deutschtum, Kampf und heldische Gesinnung. Kleist wurde in den Dienst einer rückwärtsgewandten, antidemokratischen Kampagne gestellt."[4]

Die nationalsozialistische Kleistrezeption (1933 – 1945) zeigte zwar eindeutige Sympathie für Kleist, für Kohlhaas jedoch nur zum Teil. Seinem unermüdlichen Kampfgeist stand die Auflehnung gegen den Staat gegenüber.

Nach 1945 wird die einseitige Interpretationsweise durch eine differenzierte Betrachtung aufgehoben.

In den 60er und 70er-Jahren erscheint die Figur des Kohlhaas als Passepartout für Anarchie und Terrorismus.

Die einzelnen Phasen der Rezeption können von der Lehrperson in einem kurzen Vortrag dargeboten werden. Darüber hinaus können einzelne Rezeptionsphasen auch durch ein Schülerreferat vorgestellt werden. Als Grundlage für das Referat wird folgende Literatur vorgeschlagen: Anderegg u. Wunderlich: Facetten deutscher Literatur, 1989 (s. Literaturliste).

---

1 vgl. J. Anderegg u. W. Wunderlich (1989), S. 163 – 188
2 K. Gerth (1989), S. 170
3 R. v. Ihering: Der Kampf ums Recht. Nachdr. In: R. v. Ihering: Der Geist des Rechts. Eine Auswahl aus seinen Schriften. Hg. v. F. Buchwald. Bremen 1965
4 K. Gerth (1989), S. 176

Wird auf eine Präsentation der Rezeptionsphasen verzichtet, kann auch auf einzelne Texte zur Rezeptionsgeschichte der Novelle im Anhang der Textausgabe (S. 150–153) zurückgegriffen werden.
Darüber hinaus ermöglichen die Texte auf Arbeitsblatt 9 (S. 76) einen Zugang zu einzelnen Rezeptionsphasen. Die Texte eignen sich auch für ein Referat.
Für die jeweiligen Arbeitstexte gilt folgender Auftrag:

- ❒ *Fassen Sie die wesentlichen Gedanken des Textes zusammen.*
- ❒ *Wie wird die Kohlhaas-Figur interpretiert? Welche Intention liegt dieser bestimmten Sichtweise zugrunde?*

Notizen

Rezeption

Text 1
Furor teutonicus (1930)

Kleist behandelt in zwei Dichtungen die Unverbrüchlichkeit der staatlichen Ordnung, die durch das Gesetz instituiert ist. Das gesetzte Recht erhebt sich über das natürliche Recht, das Recht der Vernunft über das der Leidenschaft. So erhebt sich die harte, zügelnde Ordnung des Staates über das schöne, wilde und grauenhafte Chaos der Natur. Staat ist nichts anderes als die Bändigung der Gewalten durch das Gesetz. Wird das Gesetz, der „Damm der menschlichen Ordnung" (Luther im ‚Kohlhaas') zerbrochen, so ist nur noch der wilde „Urstand der Natur" (Schiller) da. Die beiden Dichtungen, in denen Kleist das Problem des gesetzten (instituierten) Rechts behandelt, sind ‚Michael Kohlhaas' und der ‚Prinz von Homburg'. [...]
Kohlhaas aber ist ein Vertreter urwüchsiger bürgerlich-bäuerlicher Volkskraft. Er ist durchaus Privatmann. Wie die entfesselte Wucht des großen, breiten, schweren Kerls losbricht ... das ist von so elementarer Pracht, dass einem ganz deutsch-heimatlich dabei ums Herz wird. Es ist furor teutonicus. Aber weil es Urkraft, weil es Elementarisches und Zerstörerisches ist, darum eignet diesem Wesen nicht die reine Affinität zum Gesetz. [...] Weil es nicht Rechtsbewusstsein, sondern Rechtsgefühl, weil es nicht Vernunft, sondern Trieb, weil es ganz primär ist, darum überwindet Kohlhaas nie das Leidenschaftliche seines Zustandes: Er will nicht nur die Herstellung der Ordnung, sondern auch die Befriedigung seines Gefühls. [...] Er will nicht nur Rechtsbefriedigung, sondern auch Triebbefriedigung. Der kohlhaasische „Krieg" hat bei aller theoretischen Rechtfertigung etwas vom Geruch der Bauernkriege an sich, vom Ungesetzlichen, Wilden, Zügellosen. [...] Um des Elementarischen willen muss Kohlhaas mit dem Opfer seines Lebens sühnen.

Aus: Wilhelm Stapel: Das Gesetz. Anmerkungen zum ‚Prinzen von Homburg' und zu ‚Michael Kohlhaas'. In: Deutsches Volkstum Okt. 1930, S. 732f. Abdr. In: Rolf Busch: Imperialistische und faschistische Kleist-Rezeption 1890–1945. Eine ideologiekritische Untersuchung. Frankfurt 1974, S. 57f.

Text 2
Das Symbol deutscher Art (1933)

Der Deutsche Michael Kohlhaas steht wieder auf: In diesen Tagen, da das deutsche Volk in fest geschlossener Einheit, in heiß aufflammendem Volksgefühl Gerechtigkeit, Wiedergutmachung der ihm angetanen Unbill, Einhaltung der Verträge und Frieden für sein Schaffen am Neuaufbau seines von außen und von innen her geschädigten Volkslebens von der Welt fordert, ist die von Heinrich von Kleist aus tiefstem deutschen Gefühl geschaffene Gestalt des Michael Kohlhaas ein Symbol deutscher Art. Es ist so, wie der Generalintendant unserer Staatstheater, Otto Krauß, in seinem Gespräch mit dem Dichterkomponisten der hier uraufgeführten Oper, Paul von Klenau, sagte: „Ganz Deutschland ist in diesen Tagen ja doch wieder ein einziger Kohlhaas; auch uns sind unsere Rappen genommen und ohne Berechtigung geschunden. Wir kämpfen um Frieden – wie Kohlhaas, um unsere Ehre und unser gutes Recht – wie Kohlhaas!"

Aus: Oscar Schröter: Uraufführung: ‚Michael Kohlhaas' im Württembergischen Staatstheater. Oper in vier Akten nach der Novelle von Kleist. Text und Musik von Paul von Klenau. In: Stuttgarter Abendblatt, 6. Nov. 1933 (zitiert nach Rolf Busch, s. Text 1)

Text 3
Der Führer ohne Volk

In Kleists „Michael Kohlhaas" wird noch einmal seine erschütternde Erfahrung der tragischen Gebundenheit des Menschen an die geschichtliche Wirklichkeit, in die er hineingestellt ist, an das Heilige und Urböse in ihr gestaltet, zugleich ihre Überwindung und damit die Erlösung des Menschen zu sich selbst.
Aber in doppelter Tragik lähmt ihn die Wirklichkeit. Nicht aus einem unbedingten, reinen Gefühl des Rechts kann er für alle kämpfen, sondern in ihm lebt zugleich die Dämonie der Rache, die in der düsteren, unheimlichen Gespanntheit des aufbegehrenden Volkes Antwort findet, außerhalb der geschichtlichen Ordnung stets zu einer unaufhaltsamen Zerstörung führen muss. Er bleibt ein Führer ohne Volk, dem außerhalb des Staates kein Recht und kein Weg gegeben ist,

seine Berufung zu erfüllen. Er bleibt in der rücksichtslosen, alles opfernden Anstrengung, für diese Gemeinschaft zu kämpfen, allein [...].
Kohlhaas hebt die Geschichte auf, indem er das Volk gegen den Staat aufruft, also gegen die überlieferte Ordnung, und indem er sich selbst einen „Reichs- und Weltfreien, Gott allein unterworfenen Herrn“ nennt, sich also außerhalb aller geschichtlichen Mächte und Bedingungen stellt. Denn in Wahrheit ist er als Handelnder gerade an diese geschichtliche Wirklichkeit und ihre Bedingnisse gefesselt. Ihre Macht ist so unentrinnbar, dass er, von ihr mitgerissen, nicht jenes unbedingte Führertum verwirklichen kann, das ihn ganz über sie stellen soll. Das Volk trägt ihn nicht, auf dessen Grunde allein ein solches geschichtliches Führertum möglich ist. Ihm folgt nur verlaufenes Gesindel.
Kohlhaas scheint für alle einzutreten, aber in Wahrheit kämpft und zerstört er um der Rache willen: Er glaubt, das Urböse, Willkürliche zu bekämpfen, aber er selbst muss unter dem Zwang der Wirklichkeit willkürlich und vernichtend handeln.
Kohlhaas weckt Kräfte, in deren Aufbegehren, so berechtigt es ist, eine Gefahr droht, die das Gefüge des Staates überhaupt vernichten und einer gänzlich anarchischen Zerstörung Raum geben muss. [...] In seiner Verurteilung wird die Unverletzlichkeit und Heiligkeit des Staates bestätigt – nicht des unwürdigen, zum Untergang bestimmten sächsischen Staates, wie sie in der höchsten Berufung das Reich verkörpert. [...]
Der Staat verbürgt, dass eine höhere Ordnung in dieser Welt lebt und wirklich ist, und wird so gleichsam zu einem Stellvertreter Gottes auf Erden. Der Tod, die Sühne und die Rechtfertigung des Kohlhaas sind ein Beweis, dass der Mensch so tief in die geschichtliche, gewordene Gemeinschaft hineingewachsen ist, dass er nur ganz er selbst und mit der Welt überhaupt in Ordnung sein kann.

Aus: Fritz Martini: Heinrich v. Kleist und die geschichtliche Welt. Berlin 1940, S. 110, S. 116/117; S. 119; S. 130.

Text 4
Der Anarchist (1972)

Gibt es eine von Künstlerhand geschaffene Gestalt, die als Prototyp des deutschen Anarchisten angesehen werden könnte? Wenn der Anarchismus, wie wir meinen, außer seinen allgemeinen Wurzeln in jedem Volk noch besondere hat, so wäre es verwunderlich, wenn sie nicht von der künstlerischen Sensibilität aufgespürt und in eine Form gebracht würden. In der Tat will uns scheinen, als ob schon Kleist im Michael Kohlhaas jener Prototyp gelungen sei.
Kohlhaas ist ebenso wie Faust eine Mischung aus Wahrheit und Dichtung. Beide haben gelebt, aber zu Gestalten der Weltliteratur und der menschlichen Fantasie sind sie erst durch die künstlerische Kraft zweier Dichter geworden. Es wird hier nicht die Frage gestellt, was sich Goethe und Kleist dabei dachten, als sie Geschöpfe schufen, die in gewisser Hinsicht lebendiger als das Leben selbst und zugleich Abstraktionen sind. Das künstlerische Schaffen ist kein Bewusstseinsprozess, obwohl es Elemente hohen Bewusstseins enthält. Wir möchten nur anregen, einmal über das eigentümliche Verhältnis nachzudenken, wie es zwischen Goethe und Kleist als Personen bestand und zwischen den von ihnen geschaffenen Gestalten noch immer besteht. Das persönliche Verhältnis war polar und spannungsgeladen. Im Grund trifft das auch für ihre größten Schöpfungen zu.
Faust geht es um Macht über Menschen und Dinge, was schon tausendfach gesagt worden ist, weshalb es hier nicht näher ausgeführt werden braucht. Kohlhaas geht es allein um Recht und Gerechtigkeit, wie er sie versteht. Als alle Versuche fehlschlagen, sie mithilfe der Behörden durchzusetzen, greift er zur Selbsthilfe und erklärt seinem Kurfürsten die Fehde, wonach eine direkte Aktion auf die andere folgt. Als der Kurfürst aber schließlich dafür sorgt, dass der an Pferden und Knecht erlittene Schaden durch den Schädiger ersetzt wird, legt Kohlhaas ohne Zögern seinen Kopf auf den Richtblock. Obwohl er die Genugtuung nicht mehr auskosten kann, befriedigt sie ihn doch moralisch. [...]
In Faust und Kohlhaas stehen sich unseres Erachtens der Macht- und der Rechtsmensch gegenüber. Der Machtmensch geht Kompro-

misse mit der Macht ein, was ihm umso leichter fällt, als er sie liebt. Die Kompromisse dienen dem Zweck der Eroberung, und im Zuge der Eroberung wird ein Nebenbuhler verdrängt – jene Gruppe oder Partei, die im Besitz der Macht war. Der Rechtsmensch neigt zu Kompromisslosigkeit. Er fühlt sich ja im Recht und geht von dessen Verletzung aus. Statt der Macht erstrebt er die Wiederherstellung einer gestörten Ordnung. Wenn er sie durch eine Obrigkeit gestört sieht, nimmt er die Obrigkeit wie ein Stier auf die Hörner, selbst wenn er kaum auf Beistand rechnen kann.
Der Machtmensch ist oft ein Revolutionär, der Rechtsmensch ein Rebell. Nicht der Umsturzwille, sondern die Unbeugsamkeit des Rechtsgefühls zeichnet ihn aus. Überhaupt spielt das Willensmäßige bei ihm eine viel geringere Rolle als das Spontane. Er bereitet nichts auf lange Sicht vor. Insofern ist er unkomplizierter als der Revolutionär, den man sich schlecht ohne taktische und strategische Überlegungen, ohne Planung und außerhalb einer festgefügten Organisation vorstellen kann.
Es scheint also, als ob der Anarchist im Grunde seines Wesens kein Revolutionär, vielmehr ein Rebell ist. Aber natürlich ist nicht jeder Rebell ein Anarchist. Er kann nur dann als solcher gelten, wenn er mit dem Funken seiner Rebellion bewusst das Herd-Feuer seiner neuen Gemeinschaft zu entzünden versucht, die das Herrschaftsgefüge durch eine auf praktische Solidarität gegründete Ordnung ablöst. [...]

Aus: Günter Bartsch: Anarchismus in Deutschland. Bd. 1 1945–1965. Hannover 1972, S. 25ff.

Text 5
Ein Terrorist? (1985)

Jeder Vergleich hinkt, so auch der zwischen Kohlhaas und den modernen Terroristen. Trotz mancher Parallelität, die eben nur einen Aspekt seiner vielschichtigen Gestalt ausmacht, ist er in anderen Punkten weit von ihnen entfernt.
Kohlhaas ist nicht von vornherein ohne Maß; damit mag er im Ausgangspunkt sogar mit manch idealistischem Vertreter des neueren Terrorismus übereinstimmen, etwa mit Ulrike Meinhof. Kohlhaas weiß um die „gebrechliche Einrichtung der Welt“ – ein häufig vorkommendes Wort bei Kleist. Ihm ist klar, dass die Welt ungerecht ist und dies in gewissem Umfang einkalkuliert, ja nachsichtig und gelassen hingenommen werden muss; das zeigen deutlich sein Langmut und seine Bereitwilligkeit zu Nachgiebigkeit und Zugeständnissen beim Beginn seines Kampfes ums Recht. Jenen Umstand rechnet er erkennbar „der allgemeinen Not der Welt“ zu; sie ändern zu wollen, kommt ihm gar nicht in den Sinn. Er weiß auch, dass sich, wie die Dinge nun einmal angesichts dieser gebrechlichen Einrichtung der Welt liegen, an einem gewissen Maß von Ungerechtigkeit mit den notwendig unvollkommenen menschlichen Mitteln nicht viel ändern lässt. Unsere modernen Terroristen werden hingegen von dem Ziel beflügelt, die Ungerechtigkeit und das Unrecht schlechthin zu vertreiben. Für sie gibt es keine notwendig gebrechliche Einrichtung der Welt; sie gilt es vielmehr mit entsprechend harten und drastischen Mitteln – da anderes nicht hilft, auch mit terroristischen – zu verändern. Konkrete Vorstellungen, wie dieses gleichsam eschatologische Ziel aussieht, wohin die Reise gehen soll, darf man bei ihnen nicht erwarten; die Frage danach wäre aus ihrer Sicht schon illegitim. Sie wollen sozusagen etwas ganz anderes, ohne angeben oder sich wohl selbst vorstellen zu können, was dieses ganz andere ist; ja sie berühmen sich sogar, dass sie dieses ganz andere noch gar nicht wissen können und sie dafür eines Blankoschecks bedürfen.
Nicht so Kohlhaas. Er weiß um den Wert der Institutionen als der Garanten des Rechts und will daher weder jene noch dieses ändern.

[...]

Kohlhaas ist kein Vorbild als Kämpfer ums Recht!
Trotz dieser Unterschiede, die Kohlhaas von den Terroristen unserer Zeit vorteilhaft unterscheiden: Ein Vorbild als Kämpfer ums Recht kann er nicht sein angesichts seiner Maßlosigkeit zumindest während seiner „Verrückung“, also in der Zeit, da er „durchdreht“ und es sozusagen ernst wird. Dafür sind die Opfer zu groß, die sein Kampf ums Recht forderte.
Dennoch kann man eigentlich nicht wünschen, dass er dem triumphierenden Unrecht des geg-

nerischen Junkers und des ihn stützenden Staatsapparats seinen Lauf hätte lassen und sich still hätte zufriedengeben sollen. Jedenfalls wünscht sich Kleist mit seiner Erzählung wohl kaum, dass der Leser dies wünsche. Gerade darin liegt die Tragik von Kohlhaas begründet, dass er – unverschuldet in eine Zwickmühle geraten (und die Zwickmühle ist ja, salopp formuliert, das Wesen des Tragischen) – sich nur falsch entscheiden, nur schuldig werden kann, entweder gegenüber sich selbst oder gegenüber anderen. Gewiss hat Kohlhaas zumindest zeitweise seinen Verstand verloren. Aber mindestens seit Lessings Emilia Galotti ist bekannt, dass, wer über gewisse Dinge seinen Verstand nicht verliert, keinen zu verlieren hat. Streiten lässt sich nur darüber, ob im Fall des Kohlhaas diese „gewissen Dinge" schon erreicht und die Grenzen überschritten waren, jenseits derer man seinen Verstand verlieren darf oder gar muss; ich neige eher zur Verneinung.

Aus: Horst Sendler: Über Michael Kohlhaas – damals und heute. Berlin/New York 1985. (Schriftenreihe der Juristischen Studiengesellschaft Berlin, Heft 92, S. 30ff.)

Zusatzmaterial 1

Adam Smith und „der Markt“

Grundvoraussetzung kapitalistischen Wirtschaftens ist der Markt, der Angebot und Nachfrage vermittelt. Auf dem Markt treten Produzenten und Konsumenten in Kontakt und handeln die Bedingungen aus, unter denen die Ware den Besitzer wechselt. Der Theorie nach basiert der Tausch auf Freiwilligkeit und offener Konkurrenz; Zwang – privat oder staatlich organisiert – gilt als ausgeschlossen.

Der Markt, so wollte es der schottische Moralphilosoph Adam Smith (1723 – 1790), sollte gleichsam mit unsichtbarer Hand die Beziehungen der Menschen regeln und jedem Einzelnen zu seinem Glück verhelfen. Smiths 1776 erschienenes, vielfach wiederaufgelegtes Hauptwerk „The Wealth of Nations“ (Der Wohlstand der Nationen) verstand sich als Kampfansage an eine bürokratisch verformte und politisch geplante Wirtschaft, wie sie Zeitgenossen in den Merkantilismus-Konzepten des kontinentaleuropäischen Absolutismus vor Augen stehen mochte. Anders als in Großbritannien suchten die absolutistischen Herrscher Frankreichs, Deutschlands oder Italiens die ökonomische Entwicklung ihrer Länder durch massive Eingriffe und Beschränkungen zu steuern. Staatsfreie Märkte für Kapital, Boden oder Waren konnten sich hier kaum entwickeln. Besonders weit war man von dem entfernt, was Smith als wichtigste Bedingung allgemeinen Wohlstands definiert hatte: einen freien Arbeitsmarkt. Auf all diesen Gebieten war Großbritannien sehr viel fortgeschrittener, sodass es kein Zufall ist, dass die „Bibel des Kapitalismus“ einen britischen Autor fand.

H. Günter u. a. (Hrsg.): Geschichtsbuch Oberstufe. Von der Antike bis zum Ende des 19. Jahrhunderts. Band 1. Berlin: Cornelsen 1995, S. 269 – 270.

Zusatzmaterial 2

Anspielungen auf Adam Smith

[...]

Denn so wie, nach Adam Smith, der Bäcker, ohne weitere chemische Einsicht in die Ursachen, schließen kann, dass seine Semmel gut sei, wenn sie fleißig gekauft wird: so kann die Direktion, ohne sich im Mindesten mit der Kritik zu befassen, auf ganz unfehlbare Weise, schließen, dass sie gute Stücke auf die Bühne bringt, wenn Logen und Bänke immer, bei ihren Darstellungen, von Menschen wacker erfüllt sind.

H. v. Kleist: Sämtliche Werke. Hg. v. H. Sembdner. München 1993, S. 409/410.

Reformen in Preußen

Den Zeitgenossen war sehr wohl bewusst, dass man über kurz oder lang auf das englische Modell zurückgreifen musste, um wettbewerbsfähig zu werden. In den ersten Jahrzehnten des 19. Jahrhunderts entfaltete sich denn auch ein reger „Industrie-Tourismus" über den Kanal hinweg. Privatleute, Unternehmer, Techniker, aber auch staatliche Beamte reisten auf die Insel, um die Erfolge des englischen Modells vor Ort zu studieren [...].

Vor allem in Preußen stand man den englischen Verhältnissen sehr aufgeschlossen gegenüber. In diesem Staat war der Problemdruck am größten, die Notwendigkeit radikaler Problemlösungen am sinnfälligsten. Nicht nur die demografische Entwicklung weckte Befürchtungen eines drohenden sozialen Kollapses; auch der politisch-militärische Zusammenbruch im Gefolge napoleonischer Eroberungspolitik hatte gezeigt, dass grundlegende Reformen der Wirtschafts- und Sozialverfassung nicht auf die lange Bank geschoben werden durften.

Den Reformbeamten, die sich seit 1807 an die Modernisierung des preußischen Staats begaben, war das englische Modell industriekapitalistischer Entwicklung theoretisch geläufig. Die „Bibel des Kapitalismus", Adam Smiths „Wohlstand der Nationen", hatte auch in Deutschland begeisterte Aufnahme gefunden. „Seit der Zeit des Neuen Testaments", lobte ein Königsberger Professor, „hat kein Werk segensreichere Wirkungen gehabt."

Die Leitbegriffe dieses Werks – Besitzindividualismus, Leistungsprinzip, Arbeitsteilung, freie Märkte, Konkurrenz – weckten Hoffnungen auch auf dem Kontinent. Dass Smith zudem die Bedeutung positiver staatlicher Interventionen und planmäßiger Nationalerziehung hervorhob, sicherte ihm unter den preußischen Reformern treue Gefolgsleute.

Eingeleitet wurde das, was Historiker die „defensive Modernisierung" nennen, durch das Oktoberedikt von 1807, eine Mischung aus politischem Manifest und nationalökonomischem Programm. [...] An die Stelle einer gebundenen Ständegesellschaft, die jedem Menschen eine feste, durch Geburt erworbene soziale Position zuwies, konnte nun nach und nach eine mobile Marktgesellschaft treten. Dazu passten auch die Ablösung sozialer Abhängigkeitsverhältnisse auf dem Land und der Erlass der Gewerbefreiheit im Jahre 1810.

Vor allem Letztere sollte, so die Absichten der Reformbürokratie, die Wirtschaftskraft des Landes nach englischem und französischem Vorbild stärken und damit zugleich die Steuereinnahmen des Staates erhöhen. Indem die Macht der Zünfte zerbrochen und die traditionellen Begrenzungen gewerblicher Produktion aufgehoben wurden, näherte man sich rein rechtlich gesehen dem Ideal einer von freien Wirtschaftssubjekten bevölkerten Gesellschaft. Eben diese Freiheit sollte die Entfesselung aller ökonomisch kreativen Kräfte einleiten und eine dynamische Konkurrenzwirtschaft aus der Taufe heben, die den Wohlstand der Einwohner und die Macht des Staates garantierte. [...]

H. Günter u. a. (Hrsg.): Geschichtsbuch Oberstufe. Von der Antike bis zum Ende des 19. Jahrhunderts. Band 1. Berlin: Cornelsen 1995, S. 272ff.

❒ *Informieren Sie sich anhand der Texte von Adam Smith und des Textes „Reformen in Preußen" über die wirtschaftliche Modernisierungspolitik und stellen Sie anschließend eine Beziehung zur Situation am Schlagbaum her.*

Gesprächsverlauf

	KOHLHAAS	**HERSE**	
zunehmende Entrüstung	stellt sachliche Frage nach dem Tatbestand; Ausdruck eigener Unzufriedenheit mit Herse	bestätigt Kohlhaas' Unzufriedenheit, indem er seine Wut über das Verhalten der Ritter mitteilt	Sachliche Darstellung der Ereignisse
	ist betroffen und fragt nach dem Grund der Vertreibung	bewertet die Tat als „schlechten Streich" und betont seine Rücksichtnahme auf die „untrainierten" Pferde	
	ist irritiert und verwirrt über Herses Äußerung bzgl. der „trainierten" Pferde und bezichtigt ihn vorsichtig der Lüge; stellt den Sachverhalt klar und weist ihn auf mögliche Hilfe bei der Ernte hin	berichtet über seine Hilfsbereitschaft bei der Ernte auf der Burg	
	zeigt sich innerlich entrüstet, weil er von diesem Einsatz nichts gewusst hat	versichert, die Wahrheit gesagt zu haben; hat erpresserisches Verhalten abgelehnt und vor diesem Hintergrund eher „frech" reagiert	Besonnenheit Menschlichkeit trotz der Schikanen
	hält diese „Ungefälligkeit" nicht für den wahren Grund für die Vertreibung von der Burg	erklärt weiteren Sachverhalt: Unterbringung der Pferde im Schweinekoben; Bevorzugung der Pferde der Ritter	
Vergewisserung	korrigiert Herse; Unterbringung sei einem Schweinekoben ähnlich	betont die Tatsache: es war ein Schweinekoben	
	sieht diese Art der Unterbringung aus Platzgründen als vielleicht notwendig an; Vorrangstellung der Ritter	bestätigt räumliche Enge; Pferde hätten zusammenrücken können; sein Vorschlag, einen Stall zu mieten, sei vom Schlossvogt abgelehnt worden	
	fragt nach Herses Reaktion auf die ablehnende Antwort des Schlossvogtes	glaubt dem Schlossvogt, der die Anwesenheit der Ritter für nur eine Nacht veranschlagt	
Suggestivfragen	äußert indirekten Vorwurf der Übertreibung in Bezug auf die Enge	betont, die Wahrheit gesagt zu haben; beschreibt sein Bemühen um das Wohlergehen der Pferde	wahrheitsgetreue Darstellung
Zuspitzung des Verhörs	fragt ungeduldig nach dem wahren Grund der Vertreibung	antwortet direkt und in sachlichem Ton, nach eigener Einschätzung der Lage	
	fordert, den Grund der Vertreibung zu erfahren: Frage nach der Veranlassung	schildert konkret die Sachlage; Tränken der Pferde sei ihm versagt worden	
	stellt voller Empörung Rückfrage über die Sachlage nach eventueller Flucht, verbunden mit konkreter Aufforderung „gesteh!"	tritt Beweis an; hat Geld im Versteck zurückgelassen	
	trifft Entschluss, Gerechtigkeit walten zu lassen		

Allgemeines Preußisches Landrecht

ALR, Einleitung § 77.:
„Verhältniß des Staats gegen seine Bürger.

§ 77. Dagegen ist niemand sich durch eigne Gewalt Recht zu verschaffen befugt.

§ 78. Die Selbsthilfe kann nur in dem Falle entschuldigt werden, wenn die Hülfe des Staats zur Abwendung eines unwiederbringlichen Schadens zu spät kommen würde.“

Teil 2, Titel 20 (Strafrecht), §§ 149, 157ff.:
„*Allgemeiner Grundsatz:*
§ 149. Die durch ein Verbrechen verwirkte Strafe wird allemal geschärft, wenn dasselbe unter Umständen, die an sich die öffentliche Ruhe, Sicherheit und Ordnung stöhren, verübt worden. [...]

Unerlaubte Selbsthülfe.

§ 157. Wer, mit Vorbeygehung der Obrigkeit, sich selbst, ohne besondere Zulassung der Gesetze, Recht zu verschaffen sucht, soll, wenn es ohne Gewalt an Personen oder Sachen geschieht, mit Geldbuße oder bürgerlichem Arreste gestraft; sonst aber, nach Verhältniß der ausgeübten Gewalt, mit zwey- bis sechsmonatiger Gefängniß-, Festungs- oder Zuchthaus-Strafe belegt werden.
§ 158. Wer dergleichen Selbsthülfe der schon erfolgten obrigkeitlichen Entscheidung zuwider verübt, ist, wenn es ohne Gewalt geschieht, mit sechswöchentlicher bis sechsmonatlicher, bey gebrauchter Gewalt hingegen, mit sechsmonatlicher bis zweyjähriger Festungs- oder Zuchthausstrafe zu belegen.
§ 159. Ist bey Ausübung der Selbsthülfe ein anderes Verbrechen, welches schwerere Strafe nach sich zieht, begangen worden: so wird diese wegen der hinzutretenden Beleidigung des Staats allemal geschärft.
§ 160. a) Wer Personen, zu deren Anzeigung die Unterthanen des Staats von der Obrigkeit öffentlich besonders aufgefordert werden, wissentlich verheimlicht, oder ihre Flucht befördert, hat Gefängnißstrafe auf vierzehn Tage bis drey Monate verwirkt. [...]

5) Widerstand gegen die Obrigkeit.

§ 166. Wer sich seiner Obrigkeit in ihrer Amtsführung, oder deren Angeordneten in Vollziehung ihrer Befehle, thätlich widersetzt, der soll, nach Beschaffenheit des Widerstandes, und der dabey gebrauchten Gewalt, mit Gefängniß-, Zuchthaus- oder Festungsstrafe auf Zwey Monathe bis Zwey Jahre belegt werden.

6) Aufruhr

§ 167. Wer eine Classe des Volks, oder die Mitglieder einer Stadt- oder Dorfgemeinde, ganz oder zum Theil zusammenbringt, um sich der Ausführung obrigkeitlicher Verfügungen mit vereinigter Gewalt zu widersetzen, oder etwas von der Obrigkeit zu erzwingen: der macht sich eines Aufruhrs schuldig. [...]

Vorbeugungsmittel

§ 180. Alle obrigkeitliche Personen, besonders aber die vorgesetzten der Magisträte, Gerichte und anderen Collegien, sind schuldig, einen jeden, welcher sich in Angelegenheiten ihres Amts bey ihnen meldet, persönlich zu hören, und auf schleunige Untersuchung und Abhelfung gegründeter Beschwerden bedacht zu seyn.“

Zur heutigen Rechtslage

BGB (v. 1.1.1990) § 229: Wer zum Zwecke der Selbsthilfe eine Sache wegnimmt, zerstört oder beschädigt oder wer zum Zwecke der Selbsthilfe einen Verpflichteten, welcher der Flucht verdächtig ist, festnimmt oder den Widerstand des Verpflichteten gegen eine Handlung, die dieser zu dulden verpflichtet ist, beseitigt, handelt nicht widerrechtlich, wenn obrigkeitliche Hilfe nicht rechtzeitig zu erlangen ist und ohne sofortiges Eingreifen die Gefahr besteht, dass die Verwirklichung des Anspruchs vereitelt oder wesentlich erschwert werde. (Parallel dazu das spezielle Verbot eigenmächtiger Reaktion nach erfolgter Pfändung in ALR 114 §§ 465 und 463.)
Zur Rechtsverweigerung äußert sich die heutige Jurisprudenz nicht.
§ 229 BGB regelt, wie § 230 bekräftigt, vorhandene Lücken im Justizschutz.
(zu § 229 vgl. ALR § 78) § 230 Abs. 1: „Die Selbsthilfe darf nicht weiter gehen, als zur Abwendung der Gefahr erforderlich ist.“

Allgemeines Landrecht, hg. von H. Hattenhauer und G. Bervert, Frankfurt 1970

❏ *Vergleichen Sie die Paragrafen des ALR zur Selbsthilfe mit dem Verhalten Kohlhaas'.*

Martin Luther: Stellungnahme zu den Bauernaufständen (1525)

Das kann niemand leugnen, dass unsere Bauernschaft nicht im Recht ist, sondern sich mit schweren Sünden belädt und Gottes schrecklichen und unerträglichen Zorn erweckt, wenn die Bauern Treue, Huld, Eide und Pflicht, die sie ihrer Obrigkeit geschworen haben, brechen und in Ungehorsam fallen. Sie setzen sich freventlich gegen die von Gott verordnete und gebotene Gewalt, wenn sie sich selbst rächen und das Schwert nehmen [...].

Aber die Bauern toben nicht nur treulos, meineidig, ungehorsam und frevelhaft gegen Gottes Ordnung, sondern sie plündern auch, rauben, nehmen, was sie mögen, wie die öffentlichen Straßenräuber und Mörder, die den Landfrieden stören. Und das Schlimmste daran ist, dass sie solch wütiges Treiben und gräuliches Laster im christlichen Namen und im Schein des Evangeliums treiben und dass sie damit den Namen Gottes aufs Höchste schänden und lästern, als ob Gott Lust und Gefallen an Treulosen und Meineidigen und an öffentlichen Räubern und Mördern habe. Weh über euch, verdammte falsche Propheten, die ihr das arme, einfältige Volk zu solchem Verderben ihrer Seele und vielleicht zum Verlust ihres Lebens und Vermögens führet [...].

Es sind christliche Brüder, ja – wie Judas Christus küsste und grüßte; Teufel regieren da. Darum, liebe Bauern, lasst ab, hört und lasst euch sagen, eure Seele ist schon verdammt, wer weiß, wie es euch noch an Leib und Gut ergehen wird. Ob ihr gewinnt oder verliert, es geht zu eurem Schaden aus, denn Gott kann es nicht länger dulden. Macht Frieden, schließt einen Vertrag, auch wenn es mit Schaden für eure Person verbunden ist. Wenn man nicht mehr erlangen kann, so soll doch Sünde und Verderben der Seele aufhören. Dazu gebe Gott seine Gnade. Amen.

Zitiert nach: K. Kaczerowsky (Hg.): Flugschriften des Bauernkrieges. Hamburg 1970, S. 62–63

❒ *Vergleichen Sie den Inhalt der Flugschrift mit der Argumentation Luthers im Gespräch mit Kohlhaas.*

Kleines Lexikon der Logik

Logik ist die Lehre vom folgerichtigen und geordneten Denken. Die formale, klassische Logik teilt sich in Elementarlehre (Begriff, Urteil, Schluss) und Methodenlehre (Untersuchungs- und Beweisverfahren). Der griechische Philosoph Aristoteles (384–324 v. Chr.) ist der Erste, der die Ordnung des Denkens nicht (nur) dem Inhalt, sondern auch der Form nach untersucht (formale Logik).
Worte werden zu Sätzen verknüpft, die **Urteile** heißen, sofern sie wahre oder falsche Aussagen machen. Solche Urteile lassen sich nach bestimmten Regeln zu **Schlüssen** verbinden. Die Verknüpfung zweier Urteile zu einem dritten heißt **Syllogismus**.

Als klassisch gilt der Syllogismus:

(1) Alle Menschen sind sterblich
(2) Sokrates ist ein Mensch
(3) also: Sokrates ist sterblich

Die Sätze (1) und (2) stellen die **Prämissen** dar, Satz (3) die **Conclusio**.
„Mensch" ist in diesem Syllogismus der Mittelbegriff (lat. Terminus medius), der in der conclusio herausfällt.

Nach: Peter Kunzmann/Franz-Peter Burkhard/Franz Wiedmann: dtv-Atlas Philosophie. © 1991 Deutscher Taschenbuch Verlag, München, S. 47

❒ *Übertragen Sie den klassischen Syllogismus auf die Argumentation Kohlhaas' und Luthers. Überprüfen Sie anschließend die Folgerichtigkeit der Beweisführung.*

John Locke (1632–1704): Die natürlichen Rechte des Menschen

Um politische Gewalt richtig zu verstehen und sie von ihrem Ursprung herzuleiten, müssen wir sehen, in welchem Zustand sich die Menschen von Natur aus befinden. Es ist ein Zustand vollkommener Freiheit, innerhalb der Grenzen des Naturgesetzes seine Handlungen zu lenken und über seinen Besitz und seine Person zu verfügen, wie es einem am besten scheint – ohne jemandes Erlaubnis einzuholen und ohne von dem Willen eines anderen abhängig zu sein.

Es ist überdies ein Zustand der Gleichheit, in dem alle Macht und Rechtsprechung wechselseitig sind, da niemand mehr besitzt als ein anderer: Ist doch nichts offensichtlicher, als dass Lebewesen von gleicher Art und gleichem Rang, die unterschiedslos zum Genuss derselben Vorteile der Natur und zum Gebrauch der gleichen Fähigkeiten geboren sind, auch gleichgestellt leben sollen, ohne Unterordnung oder Unterwerfung – es sei denn, ihrer aller Herr und Meister würde in einer offensichtlichen Willensäußerung den einen über den anderen setzen und ihm durch eine offenkundige und klare Ernennung ein unzweifelhaftes Recht auf Herrschaft und Souveränität verleihen.

Ist dies zwar ein Zustand der Freiheit, so ist es doch nicht ein Zustand der Zügellosigkeit. Obwohl der Mensch in diesem Zustand die unkontrollierbare Freiheit besitzt, über seine Person und seinen Besitz zu verfügen, hat er doch nicht die Freiheit, sich selbst oder irgendein in seinem Besitz befindliches Lebewesen zu zerstören, es sei denn, ein edlerer Zweck als die bloße Erhaltung erfordere es. Im Naturzustand herrscht ein natürliches Gesetz, das für alle verbindlich ist. Die Vernunft aber, welcher dieses Gesetz entspringt, lehrt alle Menschen, wenn sie sie nur um Rat fragen wollen, dass niemand einen anderen, da alle gleich und unabhängig sind, an seinem Leben, seiner Gesundheit, seiner Freiheit oder seinem Besitz Schaden zufügen soll.

Alle Menschen nämlich sind das Werk eines einzigen allmächtigen und unendlich weisen Schöpfers, die Diener eines einzigen souveränen Herrn, auf dessen Befehl und in dessen Auftrag sie in die Welt gesandt wurden. Sie sind sein Eigentum, denn sie sind sein Werk, von ihm geschaffen, dass sie so lange bestehen, wie es ihm gefällt, nicht aber, wie es ihnen untereinander gefällt. Und da uns allen die gleichen Fähigkeiten verliehen wurden und wir alle Glieder einer einzigen Gemeinschaft, der der Natur, sind, kann nicht angenommen werden, dass uns irgendeine Rangordnung unter uns dazu ermächtigt, einander zu zerstören, als wären wir einer zu des anderen Nutzen geschaffen, so wie die untergeordneten Lebewesen zu unserem Nutzen geschaffen sind. Wie ein jeder verpflichtet ist, sich selbst zu erhalten und seinen Platz nicht freiwillig zu verlassen, so sollte er aus dem gleichen Grund, wenn es seine eigene Selbsterhaltung nicht gefährdet, nach Möglichkeit auch die übrige Menschheit erhalten. Er sollte niemanden seines Lebens oder dessen, was zur Erhaltung des Lebens dient: seiner Freiheit, seiner Gesundheit, seiner Glieder oder seiner Güter berauben oder sie beeinträchtigen – es sei denn, um an einem Verbrecher Gerechtigkeit zu üben. Damit die Menschen davon abgehalten werden, sich gegenseitig in ihren Rechten zu beeinträchtigen und einander Schaden zuzufügen, und damit das Naturgesetz beobachtet werde, das den Frieden und die Erhaltung der ganzen Menschheit verlangt, so ist in jenem Zustand die Vollstreckung des Naturgesetzes in die Hand aller gegeben. Ein jeder hat somit das Recht, diejenigen, die das Gesetz überschreiten, in dem Maße zu strafen, wie es nötig ist, eine neue Verletzung zu verhindern. Denn gleich allen anderen die Menschen dieser Welt betreffenden Gesetze wäre das Naturgesetz nichtig, wenn im Naturzustand niemand die Macht hätte, dieses Gesetz zu vollstrecken, um den Unschuldigen zu schützen und den, der es überschreitet, in Schranken zu halten. Wenn aber jeder Einzelne im Naturzustand einen anderen für jedes von ihm begangene Unrecht bestrafen kann, so können es alle tun. Denn was in diesem Zustande der vollkommenen Gleichheit, wo es von Natur weder Überordnung noch Rechtsprechung des einen über den anderen gibt, zur Vollstreckung dieses Gesetzes irgendeinem zu tun erlaubt ist, muss notwendigerweise auch das Recht aller sein.

John Locke: Über die Regierung. In der Übers. v. Dorothee Tidow. Hg. von Peter Cornelius Mayer-Tasch. Stuttgart: Reclam Verlag 1974, S. 4ff.

❒ *Wie begründet Locke das Naturrecht und das Widerstandsrecht? Vergleichen Sie seine Auffassung mit der Kohlhaas'.*

Zusatzmaterial 9

Jean-Jacques Rousseau (1712–1778): Auszug aus dem Gesellschaftsvertrag

Der Mensch ist frei geboren, und überall liegt er in Ketten. Einer hält sich für den Sklaven der anderen und bleibt doch mehr Sklave als sie. Wie ist dieser Wandel zustande gekommen? Ich weiß es nicht. Was kann ihm Rechtmäßigkeit verleihen? Diese Frage glaube ich beantworten zu können [...].
Die allen gemeinsame Freiheit ist eine Folge der Natur des Menschen. Dessen oberste Sorge es ist, über seine Selbsterhaltung zu wachen, seine erste Sorge ist diejenige, die er sich selber schuldet, und sobald der Mensch erwachsen ist, wird er so sein eigener Herr, da er der einzige Richter über die Mittel zu seiner Erhaltung ist [...].
Auf seine Freiheit zu verzichten heißt auf seine Eigenschaft als Mensch, auf seine Menschenrechte, ja sogar auf seine Pflichten verzichten. Wer auf alles verzichtet, für den ist keine Entschädigung möglich. Ein solcher Verzicht ist unvereinbar mit der Natur des Menschen; seinem Willen jegliche Freiheit nehmen heißt seinen Handlungen jegliche Sittlichkeit nehmen. Endlich ist es ein nichtiger und widersprüchlicher Vertrag, einerseits unumschränkte Macht und andererseits unbegrenzten Gehorsam zu vereinbaren.

Jean-Jacques Rousseau: Gesellschaftsvertrag. Abdruck in: Vom Sinn und Zweck der Welt. Militzke Verlag Leipzig 2003, S. 169–170

- ❒ *Erläutern Sie den Freiheitsbegriff Rousseaus.*
- ❒ *Inwiefern lässt sich Rousseaus Auffassung von Freiheit mit der Kohlhaas' vergleichen?*

Zusatzmaterial 10

Aus der Amerikanischen Unabhängigkeitserklärung von 1776:

Folgende Wahrheiten halten wir für selbstverständlich: dass alle Menschen gleich geschaffen sind; dass sie von ihrem Schöpfer mit gewissen unveräußerlichen Rechten ausgestattet sind; dass dazu Leben, Freiheit und das Streben nach Glück gehören; dass zur Sicherung dieser Rechte Regierungen unter den Menschen eingesetzt werden, die ihre rechtmäßige Macht aus der Zustimmung der Regierten herleiten; dass, wann immer irgendeine Regierungsform sich als diesen Zielen abträglich erweist, es Recht des Volkes ist, sie zu ändern oder abzuschaffen [...]

In: Zugänge zur Philosophie. Grundband für die Oberstufe. Erarbeitet von R. Henke u. a., Berlin Cornelsen 1995, S. 319

- ❒ *Vergleichen Sie den Auszug aus der Amerikanischen Unabhängigkeitserklärung mit dem Freiheitsbegriff Rousseaus und der Auffassung Kohlhaas'.*

John Locke: Die Auflösung der Regierung

[...] Der Grund, aus dem die Menschen in die Gesellschaft eintreten, ist die Erhaltung ihres Eigentums, und das Ziel, um dessentwillen sie eine Legislative wählen und ihr Autorität verleihen, ist, dass Gesetze und Vorschriften geschaffen werden, um über das Eigentum aller Glieder der Gesellschaft zu wachen und es zu schützen und so die Macht und die Herrschaft jedes Teils oder Gliedes der Gesellschaft zu beschränken und zu mäßigen. Man kann nämlich niemals annehmen, es sei der Wille der Gesellschaft, dass die Legislative die Macht habe, das zu zerstören, was ein jeder mit seinem Eintritt in die Gesellschaft hatte sichern wollen und um dessentwillen sich das Volk den von ihm selbst eingesetzten Gesetzgebern unterworfen hatte.
Wann immer deshalb die Gesetzgeber danach trachten, dem Volk sein Eigentum zu nehmen oder zu zerstören oder es als Sklaven in ihre willkürliche Gewalt zu bringen, versetzen sie sich dem Volk gegenüber in den Kriegszustand. Dadurch ist es jeden weiteren Gehorsams entbunden und der gemeinsamen Zuflucht überlassen, die Gott für alle Menschen gegen Macht und Gewalt vorgesehen hat. Wann immer daher die Legislative dieses grundlegende Gesetz der Gesellschaft überschreiten und aus Ehrsucht, Furcht, Torheit oder Verderbtheit den Versuch unternehmen sollte, entweder selbst absolute Gewalt über Leben, Freiheit und Besitz des Volkes an sich zu reißen oder sie in die Hände eines anderen zu legen, verwirkt sie durch einen solchen Vertrauensbruch jene Macht, die das Volk mit weit anderen Zielen in ihre Hände gegeben hatte, und die Macht fällt zurück an das Volk, das dann ein Recht hat, zu seiner ursprünglichen Freiheit zurückzukehren und durch die Errichtung einer neuen Legislative (wie sie ihm selbst am geeignetsten erscheint) für seine eigene Sicherheit und seinen Schutz zu sorgen – denn zu diesem Ziel befinden sie sich in der Gesellschaft.

John Locke: Über die Regierung. In der Übers. v. Dorothee Tidow. Hg. von Peter Cornelius Mayer-Tasch. Stuttgart: Reclam Verlag 1974, S. 166f.

- ❒ *Nennen Sie die Gründe, aus denen die Menschen den Naturzustand verlassen und einen eigenen Staat gründen.*
- ❒ *Vergleichen Sie die Konzeption Lockes mit Kohlhaas' Auffassung von Staat und Recht.*

Michael Fuchs: Pflicht und Neigung – eine kurze Zusammenfassung der Ethik Kants

Der Gute Wille als Grundlage aller moralischen Handlungen

Die gesamte Philosophie erschöpft sich Kant zufolge in der Beantwortung folgender vier Fragen. „Was kann ich wissen? Was soll ich tun? Was darf ich hoffen? Was ist der Mensch?" Die zweite Frage: „Was soll ich tun?", ist die Grundfrage der philosophischen Ethik, die Frage nach dem richtigen moralischen Handeln.

Kants Beantwortung dieser Frage in der „Grundlegung zur Metaphysik der Sitten" beginnt mit einem fulminanten Satz, der schon wesentliche Elemente seiner Ethik beinhaltet:

„Es ist überall nichts in der Welt, ja außerhalb derselben zu denken möglich, was ohne Einschränkung für gut könnte gehalten werden, als allein ein guter Wille."

Wie ist dieser Satz zu verstehen? Zunächst macht Kant darauf aufmerksam, dass bestimmte Charaktereigenschaften oder Geistesgaben durchaus wünschenswert erscheinen, aber nicht an sich gut sind. Ein scharfer Verstand zum Beispiel ist sicherlich begehrenswert, aber er kann zum Bösen missbraucht werden, etwa bei einem Verbrechen. Tapferkeit ist sicher eine löbliche Eigenschaft, aber ihr Wert verblasst völlig, wenn sie für ein bedenkliches Ziel eingesetzt wird. In diesem Sinne spricht man heute bei Tugenden wie Ordnung, Fleiß, Pünktlichkeit, Tapferkeit u.a. von „Sekundärtugenden". Wertvoll werden sie erst, wenn sie sich auf ein moralisch einwandfreies Ziel beziehen. Kant zufolge werden sie erst gut, wenn sie von dem „guten Willen" geleitet werden.

Ein Zweites wird durch Kants Aussage über die Einzigartigkeit des guten Willens deutlich: Die Moralität einer Handlung, die Frage also, ob eine Handlung moralisch „gut" oder „schlecht" ist, hängt nicht von den angestrebten Folgen der Handlung ab, sondern einzig und allein davon, ob die Handlung dem guten Willen entspringt. Moderner ausgedrückt: Kant stellt die Frage, ob ein guter Zweck eine moralisch bedenkliche Handlung rechtfertigt. Um ein Beispiel anzuführen: Ist es moralisch richtig und daher geboten zu lügen, um mein und das Leben anderer Mitmenschen zu retten? Kant verneint diese Frage entschieden. Lügen ist für ihn eine moralisch schlechte, daher verbotene Handlung, die auch dadurch nicht gut wird, dass ich einen vermeintlich guten Zweck anstrebe.

Woran aber ist nun der gute Wille zu erkennen? Kants Antwort: Wenn er allein durch die Pflicht bestimmt wird.

Pflichtgemäßes Handeln und Handlung aus Pflicht

Kant unterscheidet zwischen einer pflichtgemäßen Handlung und einer Handlung aus Pflicht. Pflichtgemäß ist eine Handlung dann, wenn sie zwar moralisch gut, gleichzeitig aber der Handelnde eine Neigung zu der Handlung hat. Unter Neigung versteht Kant die Handlungsantriebe im Menschen, die nach Glückseligkeit streben, d.h. nach einem vergnügten Leben, nach völliger Zufriedenheit mit dem eigenen Zustand. Wir würden heute sagen, dass Neigungen die Handlungsantriebe sind, mit denen wir unsere Bedürfnisse befriedigen. Als Beispiel für eine pflichtgemäße Handlung führt Kant den Krämer an, der seine Kunden, auch wenn es sich um Kinder handelt, ehrlich bedient. Für Kant hat diese Handlung keinen besonderen sittlichen Wert, denn das Motiv für die Ehrlichkeit des Krämers könnte ja sein, dass er nicht will, dass seine Kunden ausbleiben. Seine Handlung wäre also von einem Vorteilsdenken bestimmt und von daher moralisch nicht wertvoll.

Moralisch wertvoll für Kant ist nur die Handlung, die gegen die Neigung aus reiner Pflichterfüllung entspringt. Er wählt dafür als Beispiel einen Menschen, der seines Lebens völlig überdrüssig ist, in großer Not lebt, der kein Interesse am Schicksal anderer Menschen hat und den fremde Not nicht anrührt.

Reißt er sich nun aus dieser „tödlichen Unempfindlichkeit" heraus und hilft einem anderen Menschen, so bescheinigt Kant dieser Handlung das Prädikat, sie sei „aus Pflicht" und „gegen die Neigung" geschehen und damit eine Handlung von „echtem moralischen Wert".

Die Bestimmung meiner Pflicht durch das Sittengesetz

Zu fragen ist jetzt natürlich, woran ich denn erkennen kann, was meine Pflicht ist. In diesem Zusammenhang gibt Kant eine berühmte, aber oft missverstandene Begriffsdefinition von Pflicht: „Pflicht ist die Notwendigkeit einer Handlung aus Achtung fürs Gesetz." Mit Gesetz meint Kant hier weder ein staatliches noch ein göttliches Gesetz, sondern er meint das Sittengesetz/praktische Gesetz/moralische Gesetz – drei Begriffe, die dasselbe meinen und von Kant nebeneinander benutzt werden. Dieses Gesetz ist Kant zufolge in uns Menschen angelegt, es ist das Gesetz unserer Vernunft. Kant beansprucht nicht, dieses Gesetz aufgestellt zu haben, es kann auch nicht durch empirische Untersuchungen bewiesen werden, es ist ein „Faktum unserer Vernunft".

Hypothetische Imperative und der kategorische Imperativ

Wie aber lautet das Sittengesetz? Hier ist noch eine kleine Vorüberlegung notwendig. Nach Kant ist es eine Illusion zu glauben, das Handeln des Menschen würde allein durch die Vernunft bestimmt. Im Gegenteil: Zumeist sind es unsere Bedürfnisse, Triebe, Neigungen, die unser Handeln bestimmen. Da wir als Menschen also keine reinen Vernunftwesen sind, kann

sich unsere Vernunft nicht automatisch, quasi wie ein Instinkt bei Tieren, durchsetzen. Sie kann nur einen Sollensanspruch an uns stellen. Unsere Vernunft äußert sich in Form eines Imperativs: „Du sollst ..."
Kant unterscheidet nun zwischen zwei Arten von Imperativen, dem hypothetischen und dem kategorischen Imperativ: Eine Hypothese ist eine Vorweg-Annahme, der hypothetische Imperativ hat demnach die Form: Wenn du A willst, musst du B tun. Als Beispiel: Wenn du ein guter Fußballspieler werden willst, musst du täglich trainieren. Nun zeigt sich schnell, dass dieser Imperativ nicht allgemeingültig ist, da er sich eben nur auf diejenigen bezieht, die unter die hypothetische Annahme fallen, hier also diejenigen, die eben Fußballspieler werden wollen.
Ein kategorischer Imperativ gebietet dagegen bedingungslos, er beansprucht seine Verwirklichung ohne jede Ausnahme.
Während nun eine Unzahl von hypothetischen Imperativen denkbar ist, gibt es Kant zufolge nur einen einzigen kategorischen Imperativ. Er lautet: „Handle nur nach derjenigen Maxime, durch die du zugleich wollen kannst, dass sie ein allgemeines Gesetz werde." Diese Formulierung ist sehr kompliziert und soll hier an einem Beispiel erläutert werden. Angenommen, ich kann mir einen finanziellen Vorteil verschaffen, indem ich lüge. Mein Handlungsprinzip, meine Maxime, lautet also: Wenn es mir einen Vorteil verschafft, dann lüge ich. Um zu überprüfen, ob dieses Handlungsprinzip moralisch ist, d. h. meiner Pflicht entspricht, muss ich nun den kategorischen Imperativ anwenden. Das heißt, ich muss mir die Frage stellen, ob die Erlaubnis zu lügen zu einem allgemeinen Gesetz werden kann. Nun zeigt sich aber, dass ein solches Gesetz gar nicht denkbar ist, da die Erlaubnis zur Lüge die Begriffe Wahrheit und Lüge überhaupt vernichtet. Ein solches Gesetz kann also nicht widerspruchsfrei gedacht werden, es kann kein Gesetz der Vernunft sein. Damit aber ist die Lüge grundsätzlich moralisch schlecht und daher von unserer Vernunft verboten, in jeder Situation.
Auch die sogenannte Notlüge kann nicht als moralisch gebotene Handlung angesehen werden.
Was Kant meint, ist, dass unsere Vernunft an uns den Anspruch stellt, dass wir so handeln sollen, wie ein rein vernünftiges Wesen handeln würde. Natürlich weiß Kant, dass wir Menschen keine reinen Vernunftwesen sind, gleichwohl aber haben wir die Möglichkeit, moralisch, d. h. vernünftig, und das heißt aus Achtung vor unserer Pflicht zu handeln.

Einwände gegen Kants Ethik

Gegen Kants Ethikkonzeption sind gewichtige Bedenken erhoben worden. So hat man ihm vorgeworfen, seine Ethik sei „rigoristisch" (moralischer Rigorismus). Gemeint ist damit die Problematik, dass ich dem Gebot des kategorischen Imperativs völlig unabhängig von den Folgen, die daraus entstehen können, gehorchen muss. Warum aber sollte es nicht moralisch sein, wenn ich z. B. durch eine Lüge mein oder das Leben anderer retten kann? Stehen hier nicht zwei Pflichten gleichberechtigt gegenüber? Ist es nicht geradezu unmenschlich, dass ich z. B. das Leben anderer gefährde, weil mir meine Vernunft das Lügen verbietet? Kants Argument lautet, dass die Folgen einer Handlung überhaupt nicht abschätzbar sind. Könnte es nicht sein, dass meine Lüge sehr großes Unheil anstiftet, indem z. B. der Belogene sich für die Lüge rächt? Kant zufolge müsste ich die Verantwortung für die Folgen meiner Handlung tragen, wenn ich dem Gebot des kategorischen Imperativs keine Folge leiste. Gehorche ich ihm aber, bin ich für die weiteren Folgen nicht verantwortlich. Wer aber trägt dann die Verantwortung?
Vielleicht zeigt das Beispiel der Pflichtenkollision aber doch eine tiefere Wahrheit des kategorischen Imperativs. Warum bin ich überhaupt gezwungen zu lügen, um mein Leben zu retten? Doch nur dadurch, dass jemand anderes dem kategorischen Imperativ nicht gefolgt ist! Hier wird nun Kant aber der Vorwurf gemacht, zu idealistisch zu denken. Es wird in Frage gestellt, ob der Zustand der Welt sich dadurch ändern könnte, dass der Mensch sich moralisch bessert. Sind es nicht vielmehr die gesellschaftlichen Verhältnisse, die Menschen dazu bringen, unmoralisch zu handeln? Müssen nicht also erst die gesellschaftlichen Verhältnisse geändert werden, bevor der Mensch moralisch werden kann? In diesem Sinne hat Karl Marx als kategorischen Imperativ gefordert, alle gesellschaftlichen Verhältnisse umzustürzen, in denen der Mensch ein geknechtetes, geschundenes Wesen ist.
Ein letzter Vorwurf an Kants Ethik sei hier vorgestellt. Kant lässt, wie oben schon erwähnt, nur die Handlung als moralisch wertvoll gelten, die aus Pflicht und gegen meine Neigung erfolgt. Friedrich Schiller hat Kant dafür verspottet:

„Gerne dien ich den Freuden,
doch tu ich es leider mit Neigung,
und so wurmt es mich oft,
dass ich nicht tugendhaft bin."

Und so wurde es denn ein Leitbild der deutschen Klassik, dass der Mensch nicht nur aus reinen Vernunftgründen moralisch handeln soll, sondern dass dieses moralische Handeln auch seinem Gefühl, seinem Herzen entspricht. Es ist fraglich, ob damit wirklich ein Gegensatz zur kantschen Lehre entsteht. Kant wehrte sich dagegen, dass eine Handlung dann moralisch wertvoll sein soll, wenn sie dem Handelnden einen persönlichen Vorteil bringt, denn dann ist wirklich nicht zu entscheiden, was das ausschlaggebende Motiv seiner Handlung war: die Achtung vor dem Sittengesetz oder der persönliche Vorteil. Und dem würde wohl auch Schiller zustimmen. Dass es dem Menschen aber ein Anliegen ist, moralisch zu handeln –

dem würde auch Kant sich nicht widersetzen. An einem aber hält er unbedingt fest: Die Frage, ob eine Handlung meiner Pflicht entspricht, ob sie also moralisch geboten ist, darf nicht von meinem Gefühl abhängig gemacht werden, sondern muss vor der kritischen Instanz meiner Vernunft mittels des kategorischen Imperativs entschieden werden.

Michael Fuchs, in: Johann Wolfgang Goethe: Iphigenie auf Tauris. Herausgegeben von Johannes Diekhans. Erarbeitet und mit Anmerkungen und Materialien versehen von Michael Fuchs. Paderborn: Verlag Ferdinand Schöningh 2000, S. 107ff.

- ❒ *Klären Sie die Begriffe Moralität und Legalität.*
- ❒ *Was versteht Kant unter „pflichtgemäßem Handeln“ und „Handeln aus Pflicht“?*

Personenkonstellation

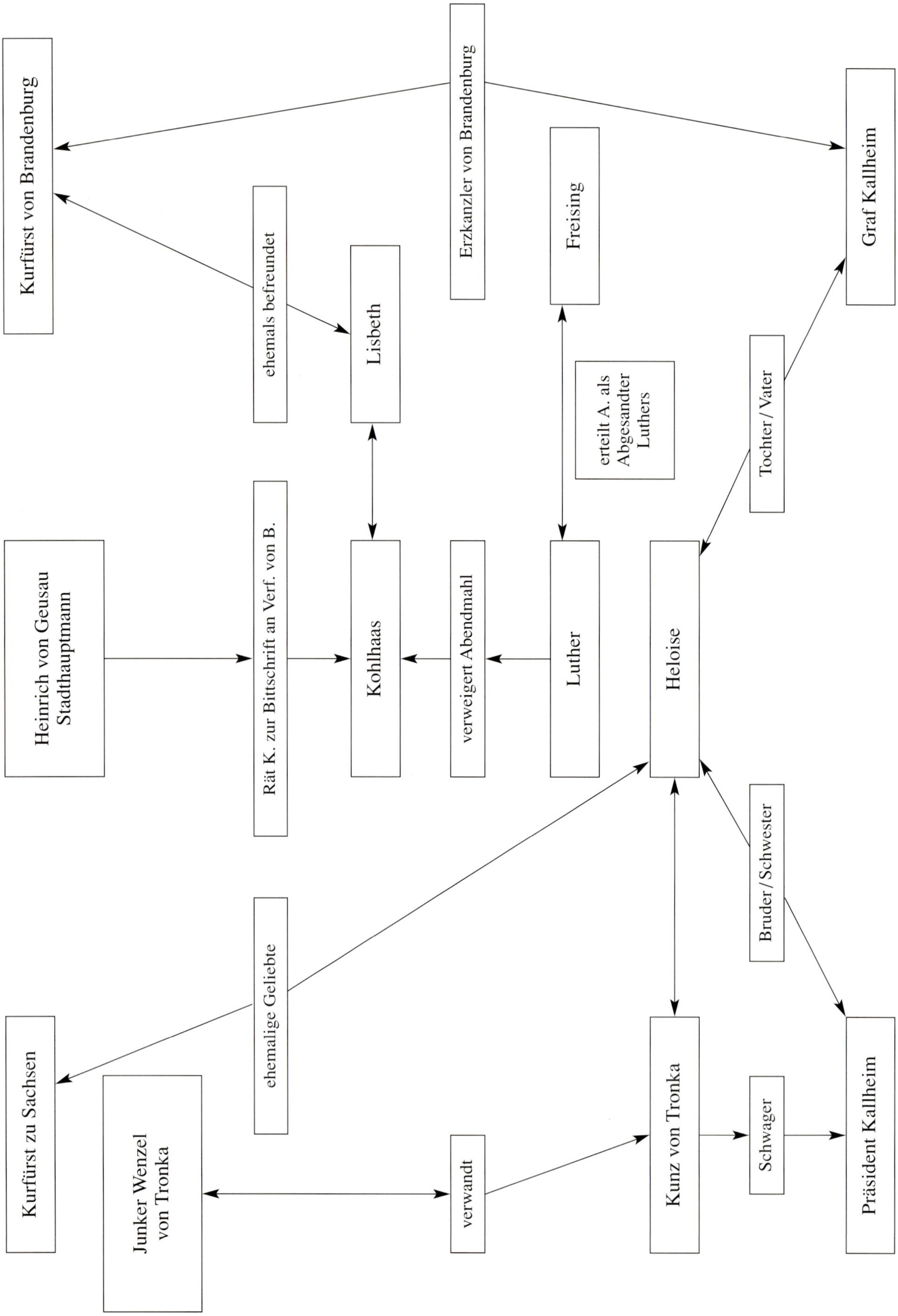

Staatsratssitzung[1]

Personen:

Kurfürst von Sachsen:	**Oberster Landesherr**
Prinz Christiern von Meißen:	**Oberster General und Onkel des von Kohlhaas bei Mühlberg geschlagenen Friedrich von Meißen**
Graf Wrede:	**Großkanzler des Tribunals**
Graf Kallheim:	**Präsident der Staatskanzlei**
Hinz von Tronka:	**Mundschenk**
Kunz von Tronka:	**Kämmerer**

Alle Personen sind im Schloss anwesend.

Kunz von Tronka Ich hätte die Klage, die Kohlhaas gegen meinen Vetter eingereicht hat, niemals abgewiesen, wenn ich sie nicht für grundlos gehalten hätte. Zu dieser Annahme haben mich falsche Angaben veranlasst.
Weder aus göttlichem noch aus menschlichem Recht ist Kohlhaas dazu befugt, solch eine Selbstjustiz zu üben. Dass er recht bekommt, ist undenkbar. Welch ein Glanz fällt – im Falle einer Rechtssprechung – auf sein gottverdammtes Haupt. Für den Kurfürsten darf es keine Schmach geben. Es ist besser, einer Dickfütterung der Rappen durch meinen Vetter zuzustimmen, als dem Vorschlag Luthers zu folgen.

Graf Wrede *hasst alle von Tronkas; antwortet seinem Vorredner mit Bedauern*

Ich bedauere, Ihnen nicht zustimmen zu können, schon gar nicht in Bezug auf den Kurfürsten.

Zum Kurfürsten gewandt – bedenklich

Wenn Sie mich fragen, halte ich es für bedenklich, zur Durchsetzung einer offenbar unrechtlichen Maßregel die Staatsgewalt in Anspruch zu nehmen. Kohlhaas hat ungeheuren Zulauf im Land. Im Fall einer Entscheidung gegen Kohlhaas droht sich der Faden der Freveltaten bis ins Unendliche fortzusetzen. Ich plädiere für ein schlichtes Rechttun. Der Fehltritt, den die Regierung selber verschuldet hat, muss unmittelbar und rücksichtslos wiedergutgemacht werden. Nur so kann die Regierung aus diesem hässlichen Handel herauskommen.

Kurfürst *blickt Rat suchend zu dem Prinzen von Meißen*

Was halten Sie davon?

Prinz von Meißen *mit Verehrung gegen den Großkanzler*

Ihre Denkungsart erfüllt mich mit größtem Respekt. Indem Sie aber Kohlhaas zu seinem Recht verhelfen wollen, haben Sie nicht bedacht, dass Sie Wittenberg und Leipzig und das durch Kohlhaas misshandelte Land in seinem gerechten Anspruch auf Schadensersatz oder Bestrafung beeinträchtigen. Die Ordnung des Staates ist so durcheinandergeraten, dass man sie allein dadurch, dem Kohlhaas recht zu geben, nicht wiederherstellen kann.
Daher stimme ich, wie der Kämmerer Kunz meint, dafür, einen Kriegshaufen zusammenzuziehen und den Rosshändler damit zu erdrücken.

Kunz von Tronka *indem er auf eine verbindliche Weise für den Prinzen und den Kurfürsten Stühle von der Wand nimmt*

Sie sind ein Mann von Rechtschaffenheit und Einsicht. Ich freue mich, dass Sie mir zustimmen, diese Sache zweideutiger Art beizulegen.

Prinz von Meißen *mit sicherer Stimme, den Stuhl in der Hand haltend, sieht Kunz von Tronka an*

Ich glaube nicht, dass Sie sich freuen können. Bevor etwas unternommen werden kann, muss gegen Sie ein Haftbefehl erlassen und ein Prozess angestrengt werden. Die Anklage lautet: Missbrauch des landesherrlichen Namens.

[1] Den Text hat Annegret Kreutz verfasst.

Kurfürst *tritt ans Fenster; der Junker schaut ihn betroffen an; – verlegene Pause*

Graf Kallheim Auf diese Weise kommen wir aus dem Zauberkreis nicht heraus. Wenn man das so sieht, dann kann man dem Prinzen Friedrich von Meißen auch den Prozess machen, denn auch er hat auf seinem Streifzug gegen Kohlhaas die gegebene Instruktion auf mancherlei Art überschritten. Er muss dann auch wegen der Vorfälle bei Mühlberg zur Rechenschaft gezogen werden.

Hinz von Tronka Ich begreife nicht, wie diejenigen, die hier anwesend sind, nicht wissen, wie sie entscheiden sollen. Kohlhaas hat – meines Wissens – versprochen, den Kriegshaufen aufzulösen, wenn er freies Geleit nach Dresden bekommt, um seine Sache erneut vor Gericht zu bringen. Daraus folgt jedoch nicht, dass man ihm eine Amnestie wegen dieser frevelhaften Sache geben muss. Doktor Luther scheint genauso wie wir diese Begriffe verwechselt zu haben. Wenn es in Dresden ein Urteil der Rappen wegen geben sollte, dann kann Kohlhaas immer noch wegen seiner Mordbrennerei und wegen seiner Räubereien angeklagt werden.

Kurfürst *in Gedanken versunken; denkt an seine Freundschaft mit Kunz von Tronka; behält den Großkanzler, Grafen Wrede, bei sich zurück*

Bis zur nächsten Sitzung habe ich mir eine Entscheidung überlegt.

Graf Wrede *indem er ihm Briefe zeigt*

Die Anhängerschaft des Rosshändlers ist in der Tat schon auf vierhundert Mann herangewachsen. Bei der allgemeinen Unzufriedenheit im Land, die aufgrund des Verhaltens des Kämmerers besteht, muss mit einem Anwachsen der Anhängerschaft auf das Doppelte oder sogar Dreifache gerechnet werden.

Kurfürst Graf Wrede, wir nehmen den Rat, den der Doktor Luther gegeben hat, an. Übernehmen Sie die Leitung der Kohlhaasischen Sache.

Rebell

Ein Rebell „nimmt den Krieg wieder auf“, widersetzt sich dem Überwinder, sagt einem Menschen oder einer Sache in der Gänze oder in einem Teilbereich die Gefolgschaft oder den Gehorsam auf. Er kann durch Nichtbefolgung gegebener Anweisungen lediglich passive Resistenz leisten, er kann aber auch zu aktivem Widerstand und zur Gewaltanwendung gegen die von ihm nicht mehr anerkannte Autorität übergehen. Hinter seiner Auflehnung stehen kein Plan und kein Programm, er ist weder Verschwörer noch Revolutionär, sondern seine Reaktion erfolgt spontan aus dem Gefühl heraus, dass eine ihm eingeborene Norm verletzt worden ist und Unrecht geschieht. Für seine Haltung spielt eine innere Disposition, sich verletzt zu fühlen, und ein empfindliches Gerechtigkeitsgefühl eine Rolle; es gibt wohl kaum einen geborenen Verschwörer, aber es gibt gewiss einen geborenen Rebellen.

Durch seine teilweise charakterologische Bedingtheit steht das Rebellen-Motiv auf der Grenze zwischen Situations- und Typenmotiv. Dennoch ist die Situation, der objektive Befund, dass Unrecht geschehen sei oder geschehe, der für das Motiv ausschlaggebende Faktor, denn wenn die Rebellenfigur ausgesprochen psychopathische Züge trägt, verliert ihr Handeln an Berechtigung. Mit dem Typenhaften des Motivs hängt andererseits zusammen, dass Rebellengestalten sich durch die Jahrhunderte hin ähnlich sehen und die Reaktionen der einzelnen Ausprägungen des Typs verwandt sind. Das ganze Gerechtigkeitsgefühl des Rebellen kann sich gegen die ganze Weltordnung auflehnen, dann handelt es sich um einen metaphysischen Rebellen, es kann gegen ein politisches Regime oder eine Gesellschaftsordnung rebellieren, dann ist er ein politischer oder sozialer Rebell, und es kann sich gegen mehr private Anschauungen oder Handlungen von Menschengruppen oder deren Repräsentanten auflehnen, dann kann man ihn als intellektuellen Rebellen bezeichnen. Er ist in jedem Fall ein Idealist, der, oft ohne Rücksicht auf die Verwirklichungsmöglichkeiten seines rebellischen Vorhabens, meist im Alleingang, mitunter auch mit Gesinnungsgenossen, unter Einsatz seiner Existenz den Gehorsam verweigert. Weil sein Handeln der Integrität seines Sittenbegriffs entspringt, wird sein Ansatz ein gewisses Maß an Sympathie erringen, die er aber oft durch das Unangebrachte der Durchführung wieder verliert. Die Beurteilung seiner Haltung ist im Übrigen dem Wandel der weltanschaulichen und politischen Anschauungen ausgesetzt.

Dem in der Literatur am häufigsten vertretenen Typ des politischen oder sozialen Rebellen steht die Autorität des Staates und der Gesellschaftsordnung gegenüber, die dem Einzelnen zwar ein gewisses Widerstandsrecht gegen Missbrauch der obrigkeitlichen Gewalt einräumt, doch aufgrund ihrer Ordnungsvorstellungen und Gesetze dazu neigt, den Rebellen als Aufrührer zu bekämpfen. Rebellentum wird meist durch Sondersituationen ausgelöst, in denen sich der Rechtsweg verschließt. [...] Im Gegensatz zum Märtyrer aber reagiert der Rebell durch Handlungen und zur Not durch Gewalt. Die Frage der Anwendung von Gewalt ist das Problem seiner Existenz. Rebellentum bestreitet die unbegrenzte Macht, die einer Autorität gestattet, die Grenze der menschlichen Freiheit zu verletzen, aber sein Widerstand zwingt den Rebellen häufig, seinerseits die Freiheit und das Leben anderer, sogar Unschuldiger, zu verletzen und dem eigenen Ideal zuwiderzuhandeln. Bringt er sich also in Gegensatz zu seinem Ziel, kann er die Verletzung seiner Grundsätze nur durch das Opfer der eigenen Person entschuldbar machen.

Aus: Elisabeth Frenzel: Motive der Weltliteratur. Ein Lexikon dichtungsgeschichtlicher Längsschnitte. Kröners Taschenausgabe Band 301, 5. Auflage 1999, Alfred Kröner Verlag, Stuttgart, S. 603ff.

❒ *Fassen Sie den Inhalt des Textes zusammen und ziehen Sie eine Verbindung zu Kohlhaas.*

Zigeuner

Die Philanthropie der Aufklärung und die Schwärmerei des Rousseauismus für Naturvölker haben um die Mitte des 18. Jahrhunderts die Haltung der Gastvölker gegenüber dem Wandervolk geändert, dem sie bis dahin teils mit Neugier, teils mit Abscheu, teils mit Furcht begegnet waren. Von staatlicher Seite meinte man mit pädagogischen Vorstellungen an das Problem herangehen zu können. Um eine Assimilation an die übrige Bevölkerung zu erreichen und das Nomadendasein zu unterbinden, haben Maria Theresia und Josef II. Reformen eingeleitet, die die Annahme einer offiziellen Religion verlangten, den Schulzwang durchsetzen wollten und gegen Übertretungen der allgemeinen Ordnung mit harten Strafen angingen, vor allem den Kindsraub ahndeten, wobei die erzieherischen Mittel *(De regulatione Zingarorum* 1782) als „paternelle" zum Schutz der Untertanen eingeschätzt wurden. Friedrich II. (1775) und Friedrich Wilhelm II. (1790) von Preußen versuchten die Zigeuner in Dorfgemeinschaften anzusiedeln, die Söhne ins Militär einzugliedern. Nur in Andalusien gelang seit einem Duldungsedikt Karls III. von 1782, das die Zigeuner den spanischen Andalusiern gleichstellte, eine gewisse Sesshaftmachung und Angliederung an das Gastvolk. Aus der Vorstellung einer Fürsorgepflicht erwuchs eine ernsthafte „Zigeunerkunde", die die meist fantastischen Vorstellungen früherer Jahrhunderte ersetzte [...].

Als Beginn einer veränderten „romantisierten" Zeichnung gelten nach allgemeinem Urteil die Zigeuner-Szenen in GOETHES *Götz von Berlichingen* (1773). Gerade was das Zigeuner-Motiv betrifft, ist jedoch die Urfassung von 1771 reicher an magischen, zauberisch trügenden Zügen und sprachlich lautmalenden Ansätzen, vor allem im Gesang der Zigeuner, als die überarbeitete Druckfassung. Sie ist bestimmt von der Absicht, die verführerische Wirkung Adelheids auf das Naturvolk zu zeigen – der junge Zigeuner wird sogar tätlich –, während in der Druckfassung die Beziehung der Szene zu dem Helden Götz stärker hergestellt ist: Die Zigeuner verteidigen im düsteren Waldlager den geflohenen Ritter, können aber seine Gefangennahme nicht verhindern. Eine Sympathie der Ausgegrenzten mit dem Rebellen wird deutlich. „O Kaiser, Kaiser! Räuber schützen deine Kinder!" Auffällig ist das Fehlen einer jungen Zigeunerin unter den Personen. Goethe hat später die Szene als Indiz für die Auflösung des Rechts im Deutschen Reich gedeutet. Auf die voranliegende Geschichte des Motivs weist die Tatsache zurück, dass bei der Uraufführung in Berlin die Szene mit einem Zigeuner-Ballett ausgeschmückt wurde.

Die Gesänge in der Urfassung des *Götz* legen fast eine mythische Verwurzelung der Glaubensvorstellungen nahe. Die Entwicklung solcher mythischen Bezüge lassen sich die auf den *Götz* folgenden Bearbeiter des Motivs angelegen sein. Schon bei GOETHE streift das Wirken der Figuren den Bereich des Okkulten, obwohl offen bleibt, was von dem Wahrsagen der alten Zigeunerin zu halten ist. [...] Auch das Erscheinen der Zigeunerin am Ende von KLEISTS *Michael Kohlhaas* (1810) muss als Botschaft des Transzendenten verstanden werden. Ihr stehen übermenschliche Mittel zu Gebote, die den Kurfürsten von Sachsen vor das Tribunal der Geschichte ziehen und den Rebellen, der seine Rettung ausschlägt, zum Richter des Fürsten machen.

Aus: Elisabeth Frenzel: Motive der Weltliteratur. Ein Lexikon dichtungsgeschichtlicher Längsschnitte. Kröners Taschenausgabe Band 301, 5. Auflage 1999, Alfred Kröner Verlag, Stuttgart, S. 853ff.

❒ *Fassen Sie den Inhalt des Textes zusammen und ziehen Sie eine Verbindung zur Zigeunerin-Episode in der Novelle.*

Über die Zensur in Preußen

Arnim an Wilhelm Grimm. Anfang 1811

Deine Rätsel sind sehr angenehm, ich will sie dem Kleist für die Abendblätter geben; freilich kommen sie da nicht immer in die beste Gesellschaft, aber der arme Kerl hat seine bittre Not mit der Zensur, der wegen einiger dem hiesigen Ministerio darin anstößiger Aufsätze beinahe gar nichts mehr abdrucken darf, beinahe zehn Aufsätzen von mir ist das Imprimatur verweigert. Hättest du wohl gedacht, dass der [Friedrich v.] Raumer, zu dem ich dich, wenn ich nicht irre, einmal führte, einmal den Staat durch den Staatskanzler beherrschen würde?

Aus: H. Sembdner: Lebensspuren, Nr. 461a

Kleist an Wilhelm Prinz von Preußen

Durchlauchtigster Fürst,
Gnädigster Prinz und Herr!

Ew. Königlichen Hoheit nehme ich mir, im herzlichen und ehrfurchtsvollen Vertrauen auf die mir, seit früher Jugend, bei manchen Gelegenheiten erwiesene, höchste Huld und Gnade, die Freiheit, folgenden sonderbaren und für mich bedenklichen Vorfall, der kürzlich zwischen Sr. Exzellenz, dem Hr. Staatskanzler, Frh. v. Hardenberg und mir stattgefunden hat, vorzutragen. Der Wunsch, gnädigster Fürst und Herr, den ich willens bin, dem Schluss meines gehorsamsten Berichts anzuhängen, wird nichts Unedelmütiges und Unbescheidenes enthalten; meine Sache ist ganz in der Ordnung, und vielleicht bedarf es nichts, als einer Wahrnehmung des Staatskanzlers, dass Ew. Königliche Hoheit von dem ganzen Zusammenhang der Sache unterrichtet sind, um mir eine, meiner gerechten Forderung völlig angemessene, Entscheidung bei ihm auszuwirken. Der Fall, in welchem ich Ew. Königliche Hoheit um Ihre gnädigste Protektion bitte, ist dieser.

In dem von mir, von Oktober vorigen Jahres bis April des jetzigen, herausgegebenen *Berliner Abendblatt,* hat ein ganz im Allgemeinen die Grundsätze der Staatswirtschaft untersuchender Aufsatz gestanden, der das Unglück gehabt hat, Sr. Exzellenz, dem Hr. Staatskanzler, zu missfallen. Sr. Exzellenz veranlassten, von der einen Seite, ein Zensurgesetz, welches die Fortdauer des Blattes, in dem Geiste, der ihm eigen war, äußerst erschwerte, ja fast unmöglich machte; und von der anderen Seite ließen dieselben mir mündlich, durch den damaligen Präsidenten der Polizei, Hr. Gruner, die Eröffnung machen, dass man das Blatt mit Geld unterstützen wolle, wenn ich mich entschließen könne, dasselbe so, wie es den Interessen der Staatskanzlei gemäß wäre, zu redigieren. Ich, dessen Absicht keineswegs war, den Maßregeln Sr. Exzellenz, deren Zweckmäßigkeit sich noch gar nicht beurteilen ließ, mit bestimmten Bestrebungen in den Weg zu treten, ging nun zwar in den mir gemachten Vorschlag ein; leistete aber, aus Gründen, die ich Ew. Königl. Hoheit nicht auseinanderzusetzen brauche, ehrfurchtsvoll auf die Geldvergütung Verzicht, und bat mir bloß, zu einiger Entschädigung, wegen dargebrachten Opfers der Popularität, und dadurch vorauszusehenden höchst verminderten Absatz des Blattes, die Lieferung offizieller Beiträge, von den Chefs der obersten Landesbehörden, aus. Denn diese, wenn sie mit Einsicht und so, dass sie das Publikum interessierten, gewählt wurden, konnten, auf gewisse Weise, einen jenen Verlust wieder aufhebenden und kompensierenden Geldwert für mich haben. Auf diese Begünstigung wollte sich jedoch Hr. Regierungsrat v. Raumer, mit dem ich jetzt auf Befehl Sr. Exzellenz unterhandelte, nicht einlassen; er zeigte mir, in sehr verlegenen Wendungen, wie die dadurch an den Tag kommende Abhängigkeit von der Staatskanzlei, dem Blatt alles Vertrauen des Publikums rauben würde, und gab mir zu verstehen, dass auch die Pension, von welcher mir Sr. Exzellenz bereits selbst mündlich gesprochen hatten, mir nur unter der Bedingung, dass davon nichts zur Kenntnis des Publikums käme, gezahlt werden könne. Bald darauf, da ich mit gänzlichem Stillschweigen über diesen Punkt, der mir, so vorgetragen, gänzlich verwerflich schien, auf die mir von Sr. Exzellenz gleichfalls versprochenen offiziellen Beiträge, als welche allein in dem Kreis meiner Wünsche lagen, bestand: hielt Hr. v. Raumer es für das Beste, alle Verhandlungen mit mir, in einem höflichen Schreiben, gänzlich abzubrechen. Nun wäre mir zwar dieser Umstand völlig gleichgültig gewesen, wenn man mir erlaubt hätte, das Blatt, mit gänzlicher Freiheit der Meinungen, so, wie Ehrfurcht vor das bestehende Gesetz sie, bei einer liberalen Ordnung der Dinge, zu äußern gestatten, fortzuführen. Da aber die Zensurbehörde, durch die willkürlichsten und unerhörtesten Maßregeln (wofür ich mir den Beweis zu führen getraue), das Blatt, dessen tägliche Erscheinung nur mit der größten Anstrengung erzwungen werden konnte, ganz zu vernichten drohte: so erklärte ich, dass, wenn ich nicht derjenigen Freiheit, die alle übrigen Herausgeber öffentlicher Blätter genössen, teilhaftig würde, ich mich genötigt sehen würde, mir im Ausland einen Verleger für dieses Wochenblatt aufzusuchen [...].

Aus: H. v. Kleist: Sämtliche Werke und Briefe, hg. v. H. Sembdner, München 1993, S. 862ff.

❐ *Welche Probleme ergeben sich für Kleist durch die Zensur in Preußen?*

Aufbau einer Dialoganalyse

I. Einleitung

- Titel, Autor, Jahr der Veröffentlichung (wenn bekannt), Thema der gesamten Novelle

- Thema/Inhalt des Dialogs/Gesprächs
- Hinführung zum Thema des Dialogs/situativer Kontext
- Art des Gesprächs (z.B. zwanglos oder formell)
- Gesprächssituation, beteiligte Personen, Verhältnis der Gesprächspartner zueinander: sozialer Status, persönliche Beziehung
- Deutungshypothese

II. Hauptteil

- Sprechziele und Motive
- Struktur/Gesprächsverlauf/Gliederung des Gesprächs: Störungen, Unterbrechungen, Wendepunkte, Erfolg, Misserfolg, Rede – Gegenrede, Führung im Gespräch, Vorherrschen bestimmter Sprechakte (auffordern, fragen, befehlen, [inständiges] Bitten), Einbindung sprachlich-rhetorischer Mittel
- Nonverbale Zeichen/Regieanweisungen: Gestik; Mimik; bestimmte Körperhaltung und deren Beziehung zur jeweiligen sprachlichen Äußerung

III. Schluss

- Funktion des Dialogs für den Zusammenhang der Novelle
- Zusammenfassung der Analyseergebnisse. Rückblickend kann hier noch einmal auf das methodische Vorgehen und das dadurch erreichte Ziel der Analyse verwiesen werden.
  Die abschließende Beurteilung muss sich auf die erarbeiteten Analyseergebnisse (Argumente, Belege) stützen; eine Darstellung individueller Eindrücke ist nicht sachgerecht.
  Abschließend wird die eingangs formulierte Deutungshypothese verifiziert bzw. korrigiert.

Immanuel Kant
Kritik der praktischen Vernunft, Zweiter Teil (Auszug)

Wenn man aber fragt: was denn eigentlich die reine Sittlichkeit ist, an der als dem Probemetall man jeder Handlung moralischen Gehalt prüfen müsse, so muss ich gestehen, dass nur Philosophen die Entscheidung dieser Frage zweifelhaft machen können; denn in der gemeinen Menschenvernunft ist sie zwar nicht durch abgezogene allgemeine Formeln, aber doch durch den gewöhnlichen Gebrauch, gleichsam als der Unterschied zwischen der rechten und linken Hand, längst entschieden. Wir wollen also vorerst das Prüfungsmerkmal der reinen Tugend an einem Beispiele zeigen und, indem wir uns vorstellen, dass es etwa einem zehnjährigen Knaben zur Beurteilung vorgelegt worden, sehen, ob er auch von selber, ohne durch den Lehrer dazu angewiesen zu sein, notwendig so urteilen müsste. Man erzähle die Geschichte eines redlichen Mannes, den man bewegen will, den Verleumdern einer unschuldigen, übrigens nicht vermögenden Person[1] (wie etwa Anna von Boleyn auf Anklage Heinrichs VIII. von England[2]) beizutreten. Man bietet Gewinne, d.i. große Geschenke oder hohen Rang an, er schlägt sie aus. Dieses wird bloßen Beifall und Billigung in der Seele des Zuhörers wirken, weil es Gewinn ist. Nun fängt man es mit Androhung des Verlustes an. Es sind unter diesen Verleumdern seine besten Freunde, die ihm jetzt ihre Freundschaft aufsagen, nahe Verwandte, die ihn (der ohne Vermögen ist) zu enterben drohen, Mächtige, die ihn in jedem Orte und Zustande verfolgen und kränken können, ein Landesfürst, der ihn mit dem Verlust der Freiheit, ja, des Lebens selbst bedroht. Um ihn aber, damit das Maß des Leidens voll sei, auch den Schmerz fühlen zu lassen, den nur das sittlich gute Herz recht inniglich fühlen kann, mag man seine mit äußerster Not und Dürftigkeit bedrohte Familie ihn um Nachgiebigkeit anflehend, ihn selbst, obzwar rechtschaffen, doch eben nicht von festen, unempfindlichen Organen des Gefühls für Mitleid sowohl als eigene Not in einem Augenblick, darin er wünscht, den Tag nie erlebt zu haben, der ihn einem so unaussprechlichen Schmerz aussetzte, dennoch seinem Vorsatze der Redlichkeit, ohne zu wanken oder nur zu zweifeln, treu bleibend vorstellen: so wird mein jugendlicher Zuhörer stufenweise von der bloßen Billigung zur Bewunderung, von da zum Erstaunen, endlich bis zur größten Verehrung und einem lebhaften Wunsche, selbst ein solcher Mann sein zu können (obzwar nicht in seinem Zustande), erhoben werden; und gleichwohl ist hier die Tugend nur darum so viel wert, weil sie so viel kostet, nicht weil sie etwas einbringt.

Die ganze Bewunderung und selbst Bestrebung zur Ähnlichkeit mit diesem Charakter beruht hier gänzlich auf der Reinigkeit des sittlichen Grundsatzes, welche nur dadurch recht in die Augen fallend vorgestellt werden kann, dass man alles, was Menschen nur zur Glückseligkeit zählen mögen, von den Triebfedern der Handlung wegnimmt. Also muss die Sittlichkeit auf das menschliche Herz desto mehr Kraft haben, je reiner sie dargestellt wird. Woraus denn folgt, dass, wenn das Gesetz der Sitten und das Bild der Heiligkeit und Tugend auf unsere Seele überall einigen Einfluss ausüben soll, sie diesen nur insofern ausüben könne, als sie rein, unvermengt von Absichten auf sein Wohlbefinden als Triebfeder ans Herz gelegt wird, darum weil sie sich im Leiden am herrlichsten zeigt. Dasjenige aber, dessen Wegräumung die Wirkung einer bewegenden Kraft verstärkt, muss ein Hindernis gewesen sein. Folglich ist alle Beimischung der Triebfedern, die von eigener Glückseligkeit hergenommen werden, ein Hindernis, dem moralischen Gesetze Einfluss aufs menschliche Herz zu verschaffen.

Immanuel Kant: Kritik der Praktischen Vernunft, hg. v. K. Vorländer, Hamburg 1974, 9. Aufl. v. 1929. Zweiter Teil: Methodenlehre der reinen praktischen Vernunft, S. 177–178

1 eine Person, die zu keinem Unrecht fähig ist
2 Anne Boleyn (1517–1536) war die zweite der sechs Frauen Heinrichs VIII. (1491–1547); auf dessen Anordnung wurde sie wegen angeblichen Ehebruchs angeklagt und enthauptet.

- ❒ *Analysieren Sie den vorliegenden Textauszug I. Kants, indem Sie besonders den Aspekt „sittliches Handeln" herausarbeiten.*
- ❒ *Vergleichen Sie anschließend die von Kant entwickelten ethischen Prinzipien mit der Handlungsweise Michael Kohlhaas' in Kleists gleichnamiger Novelle.*

Literaturliste

Anderegg, Johannes/Wunderlich, Werner (Hg.): Facetten deutscher Literatur. St. Galler Studien Band 1. Stuttgart 1984.

Apel, Friedmar: Kleists Kohlhaas. Ein deutscher Traum vom Recht auf Mordbrennerei. Berlin 1987.

Bogdal, Michael: Heinrich von Kleist: Michael Kohlhaas. Text und Geschichte. Modellanalysen zur deutschen Literatur. Hg. v. Gert Sautermeister und Jochen Vogt. München 1981.

Bohnert, Joachim: Kohlhaas der Entsetzliche. In: Kleist-Jahrbuch 1988/89, S. 404 – 431.

Bohrer, K.-H.: Plötzlichkeit. Zum Augenblick des ästhetischen Scheins, Frankfurt a. M. 1981.

Fischer-Lichte, Erika: Heinrich von Kleist: Michael Kohlhaas. Grundlagen und Gedanken zum Verständnis erzählender Literatur. Frankfurt a. M. 1991.

Frenzel, Elisabeth: Motive der Weltliteratur. Ein Lexikon dichtungsgeschichtlicher Längsschnitte. Stuttgart 1976.

Frommel, Monika: Die Paradoxie vertraglicher Sicherung bürgerlicher Rechte. Kampf ums Recht und sinnlose Aktion. In: Kleist-Jahrbuch 1988/89, S. 357 – 374.

Gerth, Klaus: Michael Kohlhaas – eine deutsche Symbolfigur? In: Facetten deutscher Literatur, hg. v. J. Anderegg u. W. Wunderlich. St. Galler Studien Bd. 1. Stuttgart 1984, S. 161 – 187.

Gräff, Thomas: Heinrich von Kleist: Michael Kohlhaas. Stuttgart 6. Aufl. 2001.

Koselleck, Reinhard: Staat und Gesellschaft in Preußen. 1815 – 1848. In: H.-U. Wehler (Hg.): Moderne deutsche Sozialgeschichte. Köln/Berlin 1966.

Ders.: Vergangene Zukunft. Zur Semantik geschichtlicher Zeiten. Frankfurt a. M. 1979.

Kremer, Detlef: Romantik. Lehrbuch Germanistik. Stuttgart 2003.

Müller-Salget, Klaus: Kommentar. In: Kleist III (1990).

Ders.: Heinrich von Kleist. Stuttgart 2002.

Ratmanko, David: Das Vorbild im Nachbild des Terrors. Eine Untersuchung des gespenstischen Nachlebens von ‚Michael Kohlhaas'. In: Kleist-Jahrbuch 2003, S. 218 – 231.

Rückert, Joachim: „... Der Welt in der Pflicht verfallen ...". Kleists ‚Kohlhaas' als moral- und rechtsphilosophische Stellungnahme. In: Kleist-Jahrbuch 1988/89, S. 375 – 403.

Sembdner, Helmut (Hg.): Heinrich von Kleists Nachruhm. Eine Wirkungsgeschichte in Dokumenten. Bremen 1967.

Ders.: Heinrich von Kleist. Sämtliche Werke und Briefe. Zweibändige Ausgabe in einem Band. München 1984.

Ders.: Heinrich von Kleists Lebensspuren. Dokumente und Berichte der Zeitgenossen. München 1996.

Warburton, Nigel: Von Platon bis Wittgenstein. Philosophie: Die Klassiker. Hamburg 2000.